Stephan Stoy

Die politischen Beziehungen zwischen Kaiser und Papst

1360 - 1364

Stephan Stoy

Die politischen Beziehungen zwischen Kaiser und Papst
1360 - 1364

ISBN/EAN: 9783743302150

Hergestellt in Europa, USA, Kanada, Australien, Japan

Cover: Foto ©ninafisch / pixelio.de

Manufactured and distributed by brebook publishing software (www.brebook.com)

Stephan Stoy

Die politischen Beziehungen zwischen Kaiser und Papst

DIE
POLITISCHEN BEZIEHUNGEN
ZWISCHEN
KAISER UND PAPST
IN DEN JAHREN 1360—1364.

INAUGURAL-DISSERTATION
ZUR ERLANGUNG
DER PHILOSOPHISCHEN DOCTORWÜRDE
AN DER
KAISER-WILHELMS-UNIVERSISÄT STRASSBURG
VON
STEPHAN STOY.

LEIPZIG.
DRUCK VON BREITKOPF & HÄRTEL.
1881.

MEINER MUTTER.

Digitized by the Internet Archive
in 2009 with funding from
Boston Library Consortium Member Libraries

http://www.archive.org/details/diepolitischenbe00stoy

War es ursprünglich meine Absicht gewesen, eine Geschichte des zweiten Römerzugs Karls IV. zu schreiben, so musste ich doch bald erkennen, dass eine richtige Würdigung ohne eingehendere Kenntniss der früheren Jahre nicht möglich war[1]. Die Bestrebungen von Kaiser und Papst gegen die »bösen Gesellschaften«, sowie namentlich ihre Beziehungen zu den Viscontis sind nur im Zusammenhang mit der vorhergehenden Zeit richtig zu verstehen; denn die Verhältnisse, wie sie bei Beginn des Römerzuges liegen, sind daraus hervorgegangen.

Der Tod von Innocenz VI. und der Regierungsantritt von Urban V. sind Ereignisse von Epoche machender Bedeutung. So gross aber auch der Wechsel der päpstlichen Politik, — die nächste Aufgabe, die Urban vorfand, war doch die Politik seines Vorgängers zum Abschluss zu bringen, d. h. namentlich den Krieg mit den Viscontis um Bologna zu Ende zu führen.

Im Jahre 1364 gelang es endlich den Frieden wieder herzustellen nach vierjährigem erbitterten Ringen, das nicht nur die italienischen, sondern fast alle Staaten der Christenheit in Mitleidenschaft gezogen hatte; auch wegen dieser Bedeutung für die damalige Welt ist der Kampf um Bologna einer eingehenderen Behandlung werth. Die Zustände, die er herbeiführt, sind für die Folgezeit entscheidend.

---

[1] Als die Arbeit druckfertig vorlag, erschien eine Geschichte des zweiten Römerzuges von J. Matthes. Meine Bedenken sind dadurch nicht gehoben, sondern bestärkt worden.

I.

Die bisherigen guten Beziehungen zwischen Kaiser Karl IV. und Papst Innocenz VI. waren durch den Erlass der goldnen Bulle getrübt worden[1]). Man wird sich darüber nicht wundern dürfen, da mit diesem Reichsgrundgesetz künftighin alle päpstlichen Ansprüche auf Stellvertretung, Prüfung und sonstige Beeinflussungen bei der Wahl eines neuen Königs beseitigt sein sollten. Weiterhin hatte Karl IV. eine Hoffnung des Papstes getäuscht, da er dessen Bitten, für den gefangenen König Johann von Frankreich einzutreten, nicht entsprochen. Wenn dann Karl seinerseits das Verlangen gestellt hatte, der Papst solle jene Satzungen seiner Vorgänger Clemens' V. und Johanns XXII., die der Ehre des Reiches und dem Andenken Kaiser Heinrichs VII. nachtheilig wären[2]), zurücknehmen, so war Innocenz darauf nicht eingegangen. Noch erhöht wurde die Missstimmung, als der Papst den Zehnten aller geistlichen Einkünfte verlangte, der deutsche Clerus ihn aber verweigerte. Auf dem wegen dieser Angelegenheit berufenen Reichstage zu Mainz 1359 bekam der päpstliche Nuntius starke Dinge zu hören[3]); der Kaiser selbst trat gegen den Papst auf und verlangte zuerst eine ernstliche Besserung der Geistlichkeit. Widerstrebenden Prälaten werde er die Einkünfte entziehen[4]). Wenn Karl auch bereits im October desselben Jahres ein Gesetz erliess, das die Kirche vor weltlichen Eingriffen sicher stellte[5]), und er damit den Gedanken einer Reformation des Clerus fallen liess, — das gute Einvernehmen zwischen dem kaiserlichen und päpstlichen Hof war doch nicht wieder hergestellt. Wie gross damals die Entfremdung war, zeigt am besten jenes Gerücht, der Papst beabsichtige im Bunde mit deutschen Fürsten Ludwig von Ungarn auf den deutschen Thron zu erheben[6]).

---

[1]) Pelzel Karl IV. II 551. [2]) Pelzel II 552. [3]) Pelzel II 594.
[4]) Huber Reg. 2919. 2920. Sugenheim Gesch. d. deutsch. Volkes III 333. [5]) Pelzel 611. Huber Reg. 3006. 3007.
[6]) Huber Reg. Reichss. 321 ff. Huber Gesch. d. Herz. Rudolph IV. v. Oesterreich 32. 46.

Entscheidend aber für die Beziehungen zwischen Kaiser und Papst waren die italienischen Verhältnisse. Hier war es der Curie durch das Genie des Cardinal-Legaten Albornoz gelungen, sich überall wieder der Oberhoheit im Kirchenstaat zu bemächtigen[1]). Ende der fünfziger Jahre des vierzehnten Jahrhunderts fehlte nur noch die »Perle der Romagna« Bologna.

Bologna war im Jahre 1352 von der Curie dem Erzbischof Johann Visconti gegen einen jährlichen Zins von 12000 fl. auf 12 Jahre überlassen worden[2]). Johann hatte dann einen Verwandten Johann von Oleggio als Statthalter eingesetzt. Bei dem 1354 erfolgten Tode des Erzbischofs war Bologna an seinen Neffen Matteo gekommen[3]), der Oleggio in seiner Stellung beliess. Nicht lange darauf aber gelang es diesem, sich unabhängig von Matteo und zum faktischen Herrn von Bologna zu machen[4]). Als Matteo — bereits 1355 — starb, erbte Bernabò seine Ansprüche auf Bologna[5]). Der suchte natürlich Oleggio zu verdrängen, was aber nur die Folge hatte, dass Oleggio der Liga, die von den Fürsten der Lombardei gegen die Visconti gegründet worden war, beitrat[6]). Nach längerem Kampfe wurde zwar am 8. Juni 1358 Frieden geschlossen[7]), allein es liess sich voraussehen, dass Bernabò seine Rechte auf Bologna nicht aufgeben würde.

Schon 1359[8]) kam es zwischen ihm und Oleggio wieder zum offnen Krieg. Dieser, der überlegenen Macht seines Gegners auf die Dauer nicht gewachsen[9]), begann Verhand-

---

1) Vergl. Gregorovius Gesch. d. Stadt Rom VI 385 flgg.
2) Theiner Codex diplomaticus dominii temporalis s. Sedis II 239.
3) Sickel Vicariat der Visconti 23. Sitzungsberichte d. k. k. Akademie der Wissenschaften. Philos.-histor. Klasse. Bd. XXX.
4) Ghirardacci Historia di Bologna II 228. Muzzi Annali della Città di Bologna III 275.
5) Sickel 24. Ghirardacci 228. Muzzi 279.
6) Ghirardacci II 230.
7) Ghirardacci 236. Sickel Vic. d. Visc. 28.
8) Ghirardacci II 239. Villani (Muratori S. S. XIV) IX 56. 57.
9) Villani IX 65. Ghirardacci, l. c.

lungen mit Albornoz[1]). Wenn man ihm eine Stadt in der Mark anweise und den rückständigen Sold seinen Truppen auszuzahlen sich verpflichte, so wolle er Bologna der Kirche, der es ja auch zugehöre, übergeben.

Ohne ausdrückliche päpstliche Autorisation[2]) aber wollte Albornoz den Vertrag, der die grössten Folgen haben konnte, nicht abschliessen. Er frug daher erst in Avignon an[3]). Die Antwort lautete, wie er sie nur wünschen konnte[4]): Da die Visconti ihren Verpflichtungen wegen Ueberlassung des Vicariats von Bologna nicht nachgekommen, solle er ruhig mit Oleggio abschliessen. Es wurde ihm zugleich Vollmacht ertheilt, nach seinem Ermessen Bedingungen einzugehen, eventuell zur Aufbringung der nöthigen Geldsummen Länder der Kirche zu verpfänden[5]). Denn der Schatz sei erschöpft.

Daraufhin schloss denn Albornoz mit Oleggio ab[6]). Die Curie zahlte den Truppen Oleggios den rückständigen Sold aus, machte ihn selbst mit einem monatlichen Gehalt von 1000 fl. zum Markgrafen von Fermo, wofür ihr Bologna übergeben wurde. Mitte März nahmen die päpstlichen Truppen von Bologna Besitz[7]).

Es war vorauszusehen, dass Bernabò Verwahrung einlegen würde. Bei Albornoz wie am päpstlichen Hofe beklagten sich seine Gesandten über das ihm geschehene Unrecht. Wirklich gingen auch der Papst und Albornoz auf seine Beschwerden ein; Albornoz erbot sich sogar, die Sache einem Schiedsgericht zu unterwerfen. Dieses entschied gegen Bernabò[8]). Mit Worten war aber die Frage nicht zu lösen. Jeder blieb ja doch auf seinem Standpunkte und suchte nur

---

1) Ghirardacci II 242.
2) Villani IX 73. Ghirardacci a. a. O.
3) Februar 1360.
4) Ghirardacci a. a. O.
5) Ghirardacci II 242. Raynald Annales ecclesiastici a. 1360. §. VI.
6) Ghirardacci II 242. Villani IX 75.
7) Ghirardacci, a. a. O. Villani l. c.
8) Raynald Ann. eccl. a. 1360. §. IX. Ghirardacci 243. Villani IX, 91.

seine Absichten in ein möglichst günstiges Licht zu setzen. Die Kirche freilich hatte den grossen Vortheil, dass sie im Besitze des Streitobjectes war. Bernabò musste es ihr erst entreissen.

Beide Parteien wussten, was auf dem Spiele stand. In der ungünstigeren Lage war jedenfalls trotz des Besitzes von Bologna die Kirche. Nicht blos deshalb, weil sie mehr zu verlieren hatte — denn fiel Bologna, so war auch die kaum errungene Herrschaft im Kirchenstaat erschüttert —, sondern auch weil sie ärmer an Hilfsmitteln war. Namentlich fehlte es ihr stets an Geld; Innocenz hatte es von vornherein dem Albornoz gemeldet, dass der Schatz leer sei. Aber gerade hierin lag die Stärke der Visconti, die mit Hilfe ihrer rücksichtslosen Herrschaft bei den stets käuflichen Söldnerbanden jederzeit ein schlagfertiges Heer ins Feld stellen konnten.

So begann der Kampf.

Albornoz verkannte keinen Augenblick[1] seinen Gegner. Dass er allein der Macht der Visconti nicht die Spitze bieten könne, wusste er. Daher ergeht an alle befreundeten italienischen und ausseritalienischen Staaten[2] sein Hilferuf; daneben werden alle untergebenen Gemeinden herangezogen. Am Nöthigsten war Geld[3], weshalb ihre Leistungen meistens zur Füllung der leeren Kassen in Anspruch genommen wurden.

Auch Innocenz unterliess nichts, um seinen Legaten zu unterstützen. Nach allen Ländern[4] eilen seine Boten mit Briefen, das grosse Unrecht Bernabòs und die Gefahr der Kirche schildernd. Da es von ganz besonderer Bedeutung, wie Ungarn und namentlich Karl IV. sich stellen, so werden diese nicht nur selbst um Hilfe angegangen, auch an ihre nächsten Verwandten[5] und einflussreichsten Rath-

---

1) Schon im Febr. 1360 gibt er Befehle an die Gemeinden, Geld aufzubringen. Theiner Cod. dipl. 399.
2) Villani IX 90.
3) Archivio Storico Ital. Appendice VII 411. Villani IX 100.
4) Theiner 399. Villani l. c.
5) Raynald Ann. eccl. a. 1360 §. VI. Theiner Cod. dipl. 385. Am

geber wird geschrieben. Um aber allen diesen Bitten erst den rechten Nachdruck zu verschaffen, wird als Legat nach Deutschland und Ungarn Aegidius von Vicenza gesandt[1]). Anfang Mai 1360 reiste dieser ab[2]).

Wenn Innocenz VI. mit allen ihm zu Gebote stehenden Mitteln gerade bei Karl IV. und Ludwig von Ungarn auf eine thatkräftige Unterstützung drang, so war es nicht blos die Rücksicht auf die Grösse und Bedeutung ihrer Reiche, die ihn dazu trieb. Ludwig, ein sehr ergebner Sohn der Kirche — den Bannerträger[3]) der römischen Kirche nennt ihn Villani — hatte durch seinen Krieg mit Venedig in Italien mannichfache Verbindungen und einen sehr bedeutenden Einfluss gewonnen. Wenn Jemand, so war es Ludwig, der für die Curie energisch Partei zu ergreifen sich bereit finden liess[4]).

Von welcher Bedeutung Karls Parteinahme für oder gegen Bernabò war, liegt auf der Hand; Bernabò war sein Vicar. In der Erwägung[5]), sagt Innocenz, dass Bernabò in verschiedenen Städten der Lombardei den Titel eines Vicars

---

26. Apr. ad comitem Sabaudiae; Rodolfum, ducem Austriae; marchionem Estensem Aldrovandinum; Feltrinum da Gonzaga etc. Villani IX 91. Verci Storia d. Marca Trivig. XIV 10.

1) Raynald loc. cit. Raynald. a. 1360. §. VII und VIII. Theiner 384. Die Lücke im Datum bei Rayn. ist nach Thein. durch Calendas zu ergänzen.

2) VI Cal. Maii sind die betreffenden Schreiben an Karl und Ludwig datirt, in denen ihnen die Legation des Aegidius berichtet wird. Ohne Zweifel sind seine Creditive an demselben Tage ausgestellt worden. Um Karl IV. zu beeinflussen, für die Kirche einzutreten, werden die Bischöfe bzw. Erzbischöfe von Prag, Mainz, Trier, Salzburg, Augsburg, Constanz, die Herzöge von Sachsen, Bayern u. a. angegangen. Bei Ludwig von Ungarn sollen in eben diesem Sinne wirken die Königin-Mutter, seine Gemahlin etc.

3) come gonfaloniere e difensore di Santa Chiesa, Villani IX 90.

4) In quo (Ludovico) praecipua spes sita erat. Rayn. 50.

5) Considerantes, quod idem Bernabos in nonnullis civitatibus et locis in provincia Lombardiae consistentibus tuae excellentiae Vicarii nomen gerit, propter quod tuis debeat — obsecramus, quatinus causam ecclesiae memoratae tuam reputans, etc. Theiner Cod. dipl. II 384 No. 343.

Deiner Hoheit führt und deshalb Deinen Ermahnungen ein willigeres Ohr leihen wird, bitten wir Dich inständigst, dass Du, die Sache der Kirche zur Deinigen machend, ihm den Befehl ertheilst, von allen Gewaltthätigkeiten gegen die Kirche abzustehen und alle occupirten Forts herauszugeben.

Hat Karl die Hoffnungen, die der Papst auf ihn setzte, erfüllt?

Für ein solches Eintreten des Kaisers, wie es der Papst wünschte, war die politische Lage damals durchaus nicht angethan. Einmal war, wie wir sahen, das Verhältniss zwischen Karl und der Curie ein gespanntes. Auch die Beziehungen zu Ludwig von Ungarn waren getrübt. Auf jenes Gerücht, von dem wir schon sprachen, Ludwig beabsichtige den Kaiser vom Throne zu stossen und sich an seine Stelle zu setzen, mag Karl noch so wenig Gewicht gelegt haben, ihr beiderseitiges Verhältniss musste darunter leiden[1]). Es wird sich überhaupt im Laufe der Arbeit zeigen, auf wie schwachen Füssen die Freundschaft dieser beiden Reiche stand. Ludwig hatte sein Land auf den höchsten Gipfel seiner Macht erhoben und dadurch in Italien, wie in Deutschland den grössten Einfluss erlangt. Naturgemäss entstand daher zwischen Karl und Ludwig eine gewisse Eifersucht, die durch die häufigen Grenzverletzungen nur immer neue Nahrung erhielt. Um so gefährlicher wurde dieser Zustand, als in Oesterreich Herzog Rudolph zur Regierung gekommen war, welcher mit der ihm eigenen Unruhe, aber auch mit Beharrlichkeit und Energie seine hochfliegenden Pläne durchzusetzen suchte — Pläne, die ihn in direkten Gegensatz zu Karl IV. brachten. Rudolph suchte deshalb Schutz und konnte diesen nirgends besser und leichter finden, als bei Ungarn. Er war daher August 1359 in eine enge Allianz mit Ludwig getreten[2]).

---

1) Bei der Aussöhnung im Mai 1360 erklärt Karl eidlich, dass er diesen Gerüchten niemals Glauben geschenkt habe. Mag sein! Aber immerhin pflegen solche Gerüchte nicht ganz grundlos zu sein, und verstimmen jedenfalls. Vergl. Huber Rud. IV 46.

2) Huber Rud. IV 32 ff.

Die Spannung zwischen Karl und Rudolph, der doch sein Schwiegersohn war, hatte darin ihren Grund, dass Rudolph die Bestätigung seiner gefälschten Privilegien zu erreichen versucht, der Kaiser aber den Betrug durchschaut und sie ihm verweigert hatte [1]). Auch sonst hatte Rudolph durch Annahme widerrechtlicher Titel dem Kaiser Hohn gesprochen. Endlich mussten seine Bemühungen und schliesslichen Erfolge in Tirol — am 2. September 1359 wurde ihm Tirol vermacht, [2]) — die Entfremdung zwischen ihm und Karl verschärfen.

Nun bemühte sich zwar Karl, diese Zwistigkeiten zu beseitigen. Da die Seele der ganzen Opposition Rudolph von Oesterreich war, so kam es vor Allem darauf an, ihn unschädlich zu machen. Zu dem Zwecke näherte Karl sich Ludwig von Ungarn, und wirklich gelang es ihm bei einer Zusammenkunft in Mähren [3]), Anfang Mai 1360, sich mit ihm auszusöhnen. Durch Ludwigs Vermittlung kam sogar mit Rudolph von Oesterreich Mitte Mai ein Vergleich zu Stande [4]). Allein diese Eintracht war nur von kurzer Dauer. Rudolph intrigirte [5]) nach wie vor gegen den Kaiser, so dass Karl endlich die Geduld riss. Solchen Umtrieben, die geradezu gegen die Reichsgewalt gerichtet waren, musste ein Ende gemacht werden. Rudolph direct zur Unterwerfung zu zwingen, war Ungarns wegen nicht thunlich. Ein gleiches Resultat liess sich aber erwarten, wenn die Grafen von Württemberg, seine Bundesgenossen, bei deren Bekämpfung der Kaiser auch der Reichshilfe gewiss war, gedemüthigt wurden. Juli 1360 hielt Karl zu Nürnberg [6]) einen Reichstag; die Grafen von Württemberg waren vorgeladen [7]). Graf

---

1) Huber l. c. 34.
2) Huber Rud. IV 42. Gesch. d. Vereinigung Tirols 68. Huber reg. R. 317.
3) In Tyrnau bei Presburg. Huber Herz. Rud. 46.
4) Huber l. c.
5) Huber 48 ff.
6) Heinricus de Diessenhoven, Böhmer Fontes IV 116.
7) Vergl. Huber Rud. IV 49.

Eberhard erschien auch, gab jedoch den Forderungen des Kaisers nicht nach, so dass für kommenden August der Reichskrieg gegen sie beschlossen wurde.

Auf eben diesem Reichstag erschien auch die Gesandtschaft des Papstes, um Hilfe gegen die Visconti zu erlangen[1]). Wenn wir nun nichts davon hören, dass Karl IV. den Bitten des Papstes willfahrte und gegen die Visconti auftrat, kann man sich da wundern? Mit Oesterreich zerfallen, hatte der Kaiser eben einen Reichskrieg gegen dessen Verbündete beschlossen. Die Gefahr war nur zu gross, dass Oesterreich hier seinen Bundesgenossen beistehen würde. Und war dann nicht zu befürchten, dass Ungarn mit in den Kampf hereingezogen würde? Um Ludwig zu gewinnen, erneuerte Karl mehrere Verzichtleistungen zu Gunsten Kasimirs von Polen[2]), dessen Neffe und Erbe Ludwig war. Wie sich später zeigte, erreichte Karl allerdings damit, dass Ungarn neutral blieb. Im Augenblick war er jedoch der Haltung Ungarns noch keineswegs versichert, wie am besten die besagten Verzichtleistungen beweisen[3]).

Dazu kam die Erwägung, dass es gar nicht im Interesse der kaiserlichen Politik war, wenn die Visconti niedergeworfen wurden. In ihnen hatte Karl stets ein Gegengewicht gegen die Macht der Kirche in Italien, durch sie vermochte er jeder Zeit einen Druck auf die Curie auszuüben. Auch konnte die bisher bestandene Spannung zwischen Kaiser und Papst nicht plötzlich einem einträchtigen Zusammengehen weichen. Schliesslich musste für Karl der grosse Eifer Ludwigs von Ungarn, sich der Curie gefällig zu zeigen,

---

[1]) Heinricus de Diessenhoven, Böhmer Fontes IV 117. Item mense Julii Carolus imperator venit in Nürrenberg. Et illic venerunt — et legatio pape Innocentii, qui petiit ab eo subsidium contra dominos de Mediolano, qui tunc Bononiam obsederunt.

[2]) 26. Juli 1360. Huber Herz. Rud. 49. 50. Huber Reg. 3252. 3253.

[3]) Wie ernstlich Karl bedacht war, die guten Beziehungen zu Ungarn zu erhalten, zeigt die Thatsache, dass er König Ludwig sofort von seiner Aussöhnung mit Rudolph benachrichtigt und die Friedensbedingungen der Grafen von Württemberg mittheilt. Huber Reg. 3295.

sein Bestreben, sich in die italienischen Händel zu mischen und seinen Einfluss zu vergrössern, höchst bedenklich erscheinen.

Wie dieser bei der Unterwerfung des Kirchenstaats der Kirche Hilfe gebracht, so hatte er jetzt sofort bei Beginn des Kampfes um Bologna zu Gunsten der Curie eingegriffen[1]. Durch eine eigene Gesandtschaft[2] und Briefe hatte er Bernabò dringend aufgefordert, von der Bekämpfung der Kirche abzulassen[3]. Er könne es nicht dulden, dass sie in ihren Rechten durch ihn oder irgend Jemand beeinträchtigt werde.

Es war so für Karl einfach ein Gebot der Klugheit, zunächst sich nicht auf die Seite der Gegner der Visconti zu stellen. Demgemäss hören wir denn auch von den durchaus freundschaftlichen Beziehungen Karls zu seinen Vicaren[4]. Sie documentiren sich am schlagendsten dadurch, dass Bernabò für Alles, was er abgesondert von Galeaz besass[5], das Vicariat erhielt. Auf eben diesem Reichstag, auf welchem die päpstliche Gesandtschaft erschien, in Nürnberg, wird ihm am 26. Juni die Urkunde ausgestellt[6].

Man möchte geneigt sein in ihr Bestimmungen zu suchen, die in irgend einer Weise auf die brennende Frage Bezug hätten. Bologna — nach Matteo's Tode waren die Ansprüche darauf an Bernabò gekommen — wird allerdings nicht mit verliehen. Doch lässt sich dies einfach dadurch erklären, dass Bologna damals nicht im Besitze Bernabòs war; eine Andeutung irgend welcher Art darüber findet sich nicht. Die sonstigen Festsetzungen der Urkunde entsprechen genau jenen des Diploms vom Januar 1360, das Galeaz ausgestellt erhielt[7]. Die Kirche wird zwar ausdrücklich in ihren Rech-

---

1) Raynald Ann. eccl. 1360. § VI. Rayn. l. c. § VII. Innocenz schreibt dies, durch Albornoz in Kenntniss gesetzt, VI Cal. Maii.
2) Durch Joannes praepositus Colocensis. Rayn. § VII.
3) Villani IX 90.
4) Am 22. Januar 1360 wurde Galeaz zum Vicar von Stadt und Gebiet von Pavia ernannt. Vergl. Sickel Vicar. d. Visc. 28.
5) Glafey Anecdotorum S. R. J. historiam etc. 218.
6) Huber Reg. 3190. Sickel Vic. d. Visc. 29.
7) Huber Reg. 3042. Sickel l. c. 28.

ten geschützt¹). »Wir nehmen jedoch die Städte, Länder, Forts, Kastelle, Gebiet und alle Besitzungen der heiligen römischen Kirche aus, über die wir Euch durch den Vicarstitel oder irgend eine sonstige Weise die Verwaltung nicht übertragen«; und nach Aufzählung der verliehenen Hoheitsrechte »jedoch mit Wahrung der Freiheit der Kirche« — allein diese Wahrung der Rechte der Kirche findet sich ebenfalls in jener Urkunde von Januar 1360, in ganz und gar übereinstimmender Form²). Sie verliert also für den vorliegenden Fall jede besondere Wichtigkeit. Dagegen steht im Diplom vom Juni ein Zusatz, der die damalige Sachlage grell beleuchtet. »Auch sollt Ihr berechtigt sein³), aus eigner Machtvollkommenheit Krieg in rechter Weise anzusagen und Heere, Reiter und Schaaren jeder Stärke dahin zu senden, wo es Euch zur Erweiterung und Erhaltung Eures Besitzes zweckdienlich erscheint.«

In der That kann nichts beweisender sein für die damalige Stellung Karls zur Bologneser Streitfrage als diese Bestimmung, die in sämmtlichen Vicariatsurkunden nur noch zwei Mal, und nur wegen ganz besonderer Umstände, vorkommt. Weit entfernt, dem Papste gegen Bernabò beizustehen, bestätigt er diesen nicht nur in seinen Rechten, sondern erweitert sie, erweitert sie in einem Masse und einem Punkte, wo es die Curie im Augenblick am empfindlichsten treffen musste⁴). Bernabò durfte Truppen in beliebiger Stärke

---

1) Excipimus tamen et includi nolumus civitates terras castra fortalicia districtus et quecunque dominia sanctae Romanae eccl., de quibus administrationem vobis non committimus titulo vicariali etc. und später salva tamen ecclesiastica libertate. Vergl. Glafey Anecd. 218.

2) Vergl. Sickel 28 Anm. 4. 57.

3) Ac etiam valeatis auctoritate propria iuste indicere bellum et guerram et exercitus et cavalcatas et cuiuscunque numeri congregationes gentium ordinare et ponere ubicunque prout expediens vobis videbitur pro augmentacione et conservacione status vestri.

4) Vergl. Sickel Vic. der Visc. 67. Die beiden Urkunden vom Januar und Juni 1360 nehmen überhaupt eine besondere Stellung unter den Vicariatsdiplomen ein, indem sie fast durchgängig eine Erweiterung der Rechte des Vicars zeigen. 1355 wird das Vicariat verliehen

sammeln und dirigiren, wohin es ihm beliebte, zum Schutze wie zur Ausbreitung seiner Herrschaft!

Aller Wahrscheinlichkeit nach erhielt damals Bernabò — ein neuer Beleg seiner intimen Beziehungen zu Karl IV. — auch noch Aussicht auf das Vicariat von Pisa[1]). Die Verhandlungen, die für Bernabò sein Vertrauter Sagremors führte, gediehen schliesslich zu einem förmlich abgeschlossenen Vertrage[2]). Darnach verpflichtete sich Bernabò eidlich, dem Kaiser, unter Garantie seines gesammten Vermögens, jährlich 50,000 fl. zu zahlen. Doch konnte dieser für besagte Summe auch jedes Jahr von Bernabò 500 Mann auf 6 Monate oder 1000 (?) Mann auf ein Jahr zur Wiedergewinnung von Arelat verlangen. Diese Zusagen freilich hatten erst dann ihre Gültigkeit, wenn Bernabò durch Karl wirklich in den Besitz besagten Vicariates gesetzt war. Mit dem Plane, die Rechte des Reiches in Arelat wieder in vollem Umfange zur Geltung zu bringen, mag Karl IV schon längst umgegangen sein. Ernstlicher sich gerade im Juni 1360 mit ihm zu befassen, hatten ihn die Angelegenheiten eines Klo-

---

»unwiderruflich auf Zeit unseres Lebens«. Hier folgt der Zusatz »und nach unserm Tode, bis Ihr ausdrücklich abberufen werdet.« Entgegen den sonstigen Bestimmungen wird den beiden Brüdern hier Gerichtsbarkeit zuerkannt auch in Bezug auf ausserhalb des Territoriums geschlossene Geschäfte oder auf ausserhalb des Territoriums begangene Verbrechen. Weiter erhalten die Visconti zum ersten Male das ius de non appellando, die Verleihung von Aemtern und Beneficien. Die Urkunde vom Juni zeigt in mehreren Punkten sogar noch weitgehendere Rechte als jene von vom Januar. Nicht nur erhält Bernabò das Recht, Krieg zu führen, es wird ihm auch zugestanden, alle Einkünfte ohne Ausnahmen nach Belieben, ohne Rechnungsablage für seinen Privatschatz zu verwenden. Gewiss aber können wir aus alledem erkennen, dass das Verhältniss Karls zu den Visconti in jener Zeit das beste war. Und wenn dem Bernabò in seinem Diplom noch erweiterte Rechte zugestanden werden, als kurz vorher seinem Bruder, so zeigt es eben nur, dass Karl so wenig an eine Parteinahme für Innocenz dachte, dass er vielmehr dessen Gegner unterstützte und stärkte, so viel es in seiner Macht lag.

1) Vergleiche Excurs I.
2) Mader Gervasius Tilber. Appendix 98. Sickel Vicar. d. Visc. 25. 71.

sters in der Lyoner Diöcese genöthigt[1]). Da eben damals am kaiserlichen Hofe die Verhandlungen mit Bernabò über die Verleihung des Vicariats für seine besonderen Besitzungen geführt wurden, die am 26. Juni ihren Abschluss fanden[2]), so suchte Karl sich auch der Unterstützung Bernabòs zur Wiedererlangung Arelats zu versichern[3]). Als Gegenleistung versprach er dafür das Vicariat von Pisa. Im Laufe der Arbeit wird sich zeigen, warum dieser Plan nicht zur Ausführung kam, wie Bernabò neht zum Vicar von Pisa ernannt wurde und er deshalb auch dem Kaiser keine Gegendienste schuldete[4]).

Man fasse noch einmal die Lage der Dinge ins Auge. Bernabò war um Bologna mit der Curie in einen Krieg gerathen. Diese wendete sich an Karl um Unterstützung. Und was that der Kaiser? Er stellte sich nicht nur nicht auf die päpstliche Seite, er begünstigte vielmehr ihren Gegner, erweiterte seine Machtbefugniss, trat überhaupt in die engste Verbindung mit ihm. Im Augenblick war dies mehr als eine blosse Ablehnung der päpstlichen Erwartungen, es war geradezu eine Kriegserklärung gegen die Curie. Zunächst hatte jedenfalls die Curie von Karl keine Hilfe zu erwarten[5]). Allein ganz abgesehen von Karl's Verhältniss zum Papst und den Visconti, konnte der Kaiser jetzt nicht für die Kirche eintreten. Erst musste im eignen Hause Ruhe geschafft werden. Für kommenden August war der Reichskrieg gegen Württemberg beschlossen worden. Da die Vorsichtsmassregeln Karls, Ludwig von Ungarn neutral zu erhalten, den gewünschten Erfolg hatten[6]), war auch Rudolph von Oesterreich gelähmt. Die Grafen von Württemberg, so allein auf sich angewiesen,

---

1) Huber reg. 3149 ff. Vergl. Excurs I.
2) Vergl. oben S. 10 ff.
3) Im Sept. 1360 thut er in eben dieser Angelegenheit Schritte beim Papst. Vergl. unten. Heinricus de Diessenh. 119.
4) Im Jahre 1365 erreichte Karl IV seinen Zweck mit Arelat. Die Krönung fand am 4. Juni statt. Huber reg. 4171 a.
5) Unmittelbar vor Karl's Abreise in's Feld ist Aegidius von Vicenza noch an seinem Hofe nachzuweisen. 17. Aug. Huber reg. 3270.
6) Huber Rud. IV 50.

sahen sich bereits am 31. August zur Unterwerfung gezwungen[1]). Damit war aber auch Rudolphs Loos entschieden. An Widerstand war nicht mehr zu denken. Anfang September traf er im Lager zu Esslingen bei Karl ein; eine Versöhnung kam bald zu Stande.

Und jetzt, nachdem der Kaiser seine Stellung gesichert, konnte er auch daran denken, den Wünschen der Curie entgegen zu kommen. Der Streit um Bologna war ihm höchst bedenklich, schon Ungarns und Oesterreichs wegen, deren Einmischungen ihm sehr ungelegen kommen mussten. War der Papst geneigt, sich ihm zu nähern, liess er sich bereit finden, in einigen Forderungen dem Kaiser zu Willen zu sein, so konnte dieser auch seinerseits gern seine guten Dienste zur Beilegung des Kampfes in der Lombardei ihm antragen. In diesen Erwägungen schickte Karl Ende September 1360 eine Gesandtschaft nach Avignon[2]).

Leider sind wir über sie, wie überhaupt über die ganze Zeit nur sehr mangelhaft unterrichtet. So viel aber lässt sich erkennen, dass es ihre Hauptaufgabe war, das gute Einvernehmen zwischen dem kaiserlichen und päpstlichen Hof wieder herzustellen. Durch Karls bisheriges Benehmen war naturgemäss die Curie nur noch misstrauischer geworden. Wie schwer der Widerstand des Papstes zu brechen war, zeigt der ganze Verlauf der Verhandlungen. Karl erkannte die Schwierigkeiten sehr richtig; daher er auch seine vertrautesten und besten Diplomaten sandte, den Erzbischof Ernst von Prag und den Bischof Johann von Strassburg[3]). Letzterer wurde jedenfalls noch ganz besonders deshalb ausersehen, weil er sofort[4]) auf die päpstliche Bitte um Hilfe gegen Bernabò nicht unbeträchtliche Mannschaft[5]) nach Ita-

1) Huber l. c. 51.
2) Böhmer Fontes IV 119. Vergl. Excurs 1.
3) Seine Unkosten werden ihm März 21 1362. Huber reg. 3842 ersetzt.
4) Theiner Cod. diplom. II 388 No. 352. Der Geleitsbrief ist 2. Juli ausgestellt.
5) **non modicas gentes armigeras ad episcopum Sabinensem**, Theiner l. c.

lien geschickt hatte und also gewiss sehr gut bei der Curie angeschrieben war.

Aber, fragt man erstaunt, welche zwingenden Gründe lagen jetzt vor, dass Karl IV., der sich so eben ganz entschieden auf Seite Bernabòs gestellt hatte, nach so kurzer Zeit schon der Curie sich wieder näherte? Die Verhältnisse, wie sie im Juni 1360 im Reiche lagen, hätten dem Kaiser, auch wenn seine Beziehungen zum Papst und den Visconti andere gewesen wären, doch ein Einschreiten zu Gunsten der Kirche unmöglich gemacht. Jetzt war ja allerdings die Ruhe und Ordnung wieder hergestellt, die Freiheit in Italien einzugreifen hatte also der Kaiser. Allein welche Motive bewogen ihn, so plötzlich in seiner Politik dem Papste gegenüber zu schwenken?

Die Erklärung liegt einmal in der politischen Lage. Karl IV. hatte so entschieden Partei für Bernabò genommen, um dem Papste zu zeigen, wie unklug es sei, gegen berechtigte Ansprüche und Rechte von Kaiser und Reich Opposition zu machen. Diesen Zweck konnte er hoffen erreicht zu haben; er durfte sich dem Glauben hingeben, die Curie werde seinen Wünschen entgegenkommen. Und persönlich war ihm natürlich die Aussöhnung mit Innocenz VI. willkommen, weil er nach seinem ganzen Charakter und seiner Vergangenheit auf ein Zusammengehen mit der Curie hingewiesen war.

Dahin drängten ihn aber noch andere Momente. Je ferner sich bisher Karl den italienischen Verhältnissen gehalten hatte, um so bedenklicher musste es ihm erscheinen, dass König Ludwig von Ungarn und Herzog Rudolph von Oesterreich hier eingegriffen hatten. So hatte letzterer am 18. Juli 1360 Bernabò ermahnt[1]), von seinem Angriff auf Bologna abzustehen, widrigenfalls er ihm den Krieg erkläre, zu gleicher Zeit allen seinen Unterthanen befohlen, Bernabò zu verlassen. Bei solcher Gesinnung war es dem päpstlichen Legaten Aegidius von Vicenza[2]) ein Leichtes gewesen, ihn auch zur Stellung von

---

1) Huber reg. Reichss. 339. 340.
2) Diessenhoven 120.

Hilfstruppen zu bewegen¹). Auch Ludwig von Ungarn hatte seine Drohungen gegen Bernabò zur Wahrheit gemacht; bereits im September 1360 kämpfen seine Ungarn auf Seite der Kirche²). Weit gefährlicher aber war es noch, dass Ludwig mit deutschen Fürsten³) wie mit dem Papste⁴) in Unterhandlungen getreten war. Entstand doch auch mehrfach das Gerücht, er werde persönlich nach Italien kommen⁵).

Man begreift daher sehr wohl, dass Karl IV. nach Unterwerfung der Grafen von Württemberg und der Aussöhnung mit Herzog Rudolph seine Gesandten nach Avignon schickte. Ihre Hauptaufgabe bestand darin, eine Aussöhnung mit dem Papste herbeizuführen, auf die dem Kaiser jetzt sehr viel ankommen musste. Da ein wesentlicher Grund der Verstimmung⁶) jene Bullen von Clemens V. gegen Heinrich VII. war, so sollten sie von neuem bei Innocenz auf eine Widerrufung dringen⁷). Gewiss that Karl IV. Recht daran, auf diesem Verlangen zu bestehen; es war gewissermassen der Probirstein, an dem er erkennen konnte, ob es der Curie mit einer dauernden Aussöhnung Ernst war. Auf der andern Seite wird man sich nicht wundern, dass die Curie nicht so schnell dem kaiserlichen Verlangen willfahrte⁸).

---

1) Rudolph schickt 100 trefflich gerüstete Reiter, die am 23. Dec. in Bologna einrücken. Chronica di Bologna SS. XVIII 458. Am 7. Dec. stellt ihnen der Doge von Venedig sicheres Geleit aus. Verci Storia d. M. Trivig. XIII Urkundenbuch.

2) Diessenhoven 120. Villani X 4. 5. Chron. di Bologna 456. Theiner Cod. diplom. II 401.

3) Ludewicus rex Ungariae principes et nobiles Allemanniae invitavit, ut dignarentur secum ire contra sibi rebelles et ecclesiae Romanae. Diessenhoven 116. Vergl. auch Excurs II.

4) 25. Juli 1360 giebt Innocenz dem Albornoz Vollmacht, mit Ungarn wegen Stellung von Subsidien und Hilfstruppen zu verhandeln. Huber reg. P. 67.

5) Schon Mai 1360 waren diese Gerüchte mit grosser Bestimmtheit aufgetreten, wie Verci XIII Docum. 85 beweist. Auch später noch. Vergl. Villani IX 100 X 5. 45.

6) Vergl. oben S. 2.

7) Pelzel II 330. Sugenheim Gesch. d. d. Volkes III 183.

8) Erst Febr. 11 des Jahres 1361. Huber reg. P. 69.

Ohne Zweifel hat Karl bei der zwingenden Nothwendigkeit, wie sie für ihn vorlag, in Italien einzugreifen, auch sonst die nöthigen Schritte gethan, um eine solche Intervention mit Erfolg beginnen zu können [1]. Da er Anfang September die Friedensbedingungen mit Württemberg und Oesterreich nach Ungarn meldete [2], wird er auch über die italienischen Angelegenheiten hier vertraulich angefragt, wohl auch in Mailand angeklopft haben [3]. Bei den durchaus freundschaftlichen Beziehungen können die Erkundigungen nur günstig ausgefallen sein. Karl durfte daher in einer neuen Botschaft [4] nach Avignon seine guten Dienste zur Beilegung des italienischen Handels anbieten, die freilich allein dann ein ordentliches Resultat erwarten lassen konnten, wenn der Papst mit dem Kaiser sich verband [5]. Ja, Karl versprach, persönlich nach Italien zu ziehen [6].

In Verbindung damit steht der weitere Auftrag dieser Gesandtschaft, deren Führer Wilhelm von Wissegrad war, die Unterstützung des Papstes zu Wiedergewinnung von Arelat [7] zu erlangen. So wie die Ruhe in Italien hergestellt war, lag, wenn der Papst einverstanden, nichts mehr im Wege, den Plan der Erneuerung des Königthums von Arelat auszuführen. Bernabò hatte, wie wir sahen, dazu in hervorragender Weise seine Unterstützung zugesagt. Natürlich wurde endlich die Annullirung jener beiden Clementinen abermals verlangt [8].

Aber auch diese Gesandtschaft brachte die Angelegenheit nicht recht von der Stelle. Deshalb verliessen Ende 1360 [9]

---

1) Vergl. unten S. 19 ff.
2) Huber reg. 3295.
3) Vergl. Excurs III.
4) Vergl. Excurs III.
5) auxilium papae, ut posset domare Longobardos. H. de Diesenh. ap. Böhmer Fontes IV 120.
6) offerens se iturum in Italiam.
7) repetens regnum Aralatense.
8) per Arnestum — et dilectum filium Guilhelmum etc. Pelzel II Urk. 330.
9) Am 23. Januar 1361 schreibt Innocenz an sie. Johann von

Johann von Strassburg und Wilhelm von Wissegrad Avignon und reisten nach Prag zurück. Ernst von Prag blieb in Avignon[1]), um durch seinen persönlichen Einfluss die Sache zu einem befriedigenden Abschluss zu bringen.

Was alle Verhandlungen bisher nicht erreicht, bewirkte die Noth. Soldbanden, seit dem Ende des englisch-französischen Krieges ohne Beschäftigung, hatten sich vereinigt und durchzogen sengend und brennend das Land. Jetzt hatten sie sich in unmittelbarer Nähe von Avignon selbst festgesetzt. Innocenz war in höchster Noth. Alle benachbarten Fürsten wurden um Hilfe angerufen. Selbst Karl und Rudolph von Oesterreich wurden zur Abwehr aufgefordert[2]).

In dieser Bedrängniss gab Innocenz nach. Bereits am 11. Februar stellt er die gewünschte Urkunde[3]) aus. Nach reiflicher Ueberlegung mit seinen Cardinälen erkläre er, dass sein Vorgänger Clemens V. durch einige von Heinrich VII. ausgesprochene Worte und die übereilte Sentenz gegen König Robert von Sicilien zu fraglichen Erklärungen gekommen, dadurch aber der Ruf Heinrichs VII. in keiner Weise gemindert werden sollte[4]).

II.

Die Curie hatte im Wesentlichen den Wünschen des Kaisers Rechnung getragen und so ihren guten Willen und ihre Friedensliebe bethätigt. Damit durfte Karl zufrieden sein. Er konnte jetzt mit allem Nachdruck in Italien eingreifen. Und es that Noth! Wenn die Interessen von Kaiser und Reich

---

Strassburg ist am 21. Januar urkundlich am Hofe Karls nachweisbar. Huber reg. 3528. Der Kaiser hielt sich damals in Nürnberg auf.

1) Martène et Durand Thesaurus II. 899. Ernst von Prag ist urkundlich erst wieder am 7. April 1361 bei Karl nachzuweisen. Huber reg. 3619.

2) Martène II 859—864. Diessenhoven 122. Heinrich Rebdorf Böhmer Fontes IV 567.

3) Pelzel II. Urk. 330.

4) fama Henrici predicti non ledatur minuatur vel notetur etc.

nicht auf das Schwerste geschädigt werden sollten, musste den Interventionsgelüsten von Ungarn und Oesterreich [1]) begegnet werden. Diese energische Parteinahme von König Ludwig und Herzog Rudolph durfte Karl länger nicht ruhig mit ansehen. Waren doch schon Verhandlungen über Abtretung von Gebiet zwischen Ungarn und der Curie geführt worden [2])! Der Papst, die bedenkliche Seite einer derartigen Allianz, namentlich des Kaisers wegen, wohl einsehend, hatte sich noch immer gescheut, einen Vertrag einzugehen, aber die Unterhandlungen waren deshalb nicht abgebrochen worden [3]). Vermuthlich wollte die Curie durch sie sogar einen Druck auf den Kaiser ausüben.

Ueber diesen Stand der Dinge müssen die Gesandten Karls, Johann von Strassburg und Wilhelm von Wissegrad, dem Kaiser Bericht erstattet haben. Etwa um dieselbe Zeit nahm daher Karl seine Unterhandlungen mit Bernabò in aller Energie wieder auf [4]). Und hier zog er einen diplomatischen Schachzug der feinsten Art. Ludwigs Einmischungen in die italienischen Verhältnisse durfte Karl nicht mehr gestatten. Aber wie, wenn er ihn zu sich herüberzog? Wenn es ihm gelang, seine Macht und seinen Einfluss den kaiserlichen Absichten und Interessen dienstbar zu machen [5])? Seine Be-

---

1) Vergl. oben. S. 15 ff.
2) Villani X 5.
3) Erst, als Innocenz der Hilfe Karls versichert zu sein glaubte, erging an Albornoz der Befehl, sich in keinen Vertrag mit Ungarn einzulassen. März 1361. Martène II 899 ff.
4) Wegen des Folgenden verweise ich auf von Mohr Codex diplomat. III 149. Ich habe auf dem Strassburger Stadtarchiv das Original nachgesehen. Wie der Vergleich ergab, enthält der Mohr'sche Text eine Reihe von Les- oder Druckfehlern, die aber unerheblich und auf den Sinn keinen Einfluss haben. Das Datum steht danach mit absoluter Sicherheit fest. Allerdings wäre es ein Leichtes, auch ohne diese Bestätigung, so werthvoll dieselbe auch ist, das Schriftstück zu bestimmen. Im Folgenden verzichte ich, stets auf Sickel zu verweisen, dessen Resultate in allen bezüglichen Fragen durchaus unrichtig sind.
5) Wir haben zwar keine directen Angaben, dass Karl Ungarn heranzog, aber die ganze Situation fordert es. Auch wird es gewiss nicht allein die Rücksicht auf das Rangverhältniss sein, wenn Innocenz

ziehungen zu Ungarn waren seit dem Mai ungetrübt gewesen; folglich konnte er hoffen, dass Ludwig darauf eingehen würde. Und der Meisterstreich gelang. Gemeinsam thaten sie jetzt ihre Schritte bei Bernabò. Und dieser entsprach Karls Erwartungen und erklärte sich bereit, ihrem Schiedsspruch sich zu unterwerfen [1]). Im weiteren Verlauf der Verhandlungen verpflichtete er sich, seinen Vertrauten Sagremors mit vollkommener Gewalt, wie er sie nur selber haben könnte, an den Kaiser abzusenden, um auf diesen und König Ludwig zu compromittiren. Ehe wir jedoch den Fortgang besagter Angelegenheit verfolgen, müssen wir uns erst einmal vergegenwärtigen, was die Curie bis dahin gethan.

Trotz aller Hilfegesuche des Papstes und seines Legaten war Albornoz doch wesentlich [2]) nur auf seine schwachen Mittel angewiesen geblieben. Gegen Ablauf des Jahres 1360 kam er daher in die grösste Verlegenheit [3]). Dies erkennt stets — auch im Briefe an Ludwig — den Kaiser voranstellt. Endlich kann ich noch auf die Stelle im Absetzungsdecret hinweisen, wo Karl sagt, Bernabò hätte die Vollmacht, auf Karl und Ludwig zu compromittiren, an den Kaiser senden sollen. Spricht endlich nicht dafür, dass Innocenz Karl IV. auffordert (Martène II 184) den König zur Hilfeleistung anzuspornen?

Dass gerade Anfang 1361 Karl und Ludwig von Ungarn besonders gut standen, zeigt die Erneuerung des schon früher geschlossenen Verlöbnisses von Jodok, Sohn Johanns von Mähren, mit Elisabeth, Tochter von Ludwigs Bruder Stephan. Vergl. Huber reg. R. 347.

1) v. Mohr, l. c. 149. Quamvis literae Bernabonis dudum processerint nobilis Sagremors de Pomeriis sui familiaris adventum, in quibus idem Bern. nostrae serenitati spondebat, quod dictus Sagremors e vestigio veniret ad nostri praesentiam ad compromittendum in facto Bononiensi in personam nostram et serenissimi principis domini regis Ungariae, ea sufficienti potestate munitus, quam ipsemet Bern. habere posset, si adesset in propria persona.

2) Ueber die Unterstützung, die Albornoz von der Curie erhielt, vergl. Villani IX 91. 100. Die eigene Hilflosigkeit schildert Innocenz selber einmal. Vergl. Raynald a. 1360 IX. Considerantes etiam expensarum profluvia quae nos subire in prosecutione huinsmodi oporteret, quibus camera apostolica propter diversorum operum onera, quae ipsum tolerare oportuit, ad praesens insufficiens redditur et alias solito minus potens.

3) Vergl. Ghirardacci II 245 ff. Villani IX 106. X 28. 41.

man am besten aus der Thatsache, dass er mit dem Markgrafen von Este wegen Ueberlassung Bolognas Unterhandlungen anknüpfte[1]). Natürlich aber musste Albornoz erst in Avignon anfragen. Nach reiflicher Ueberlegung entschloss man sich hier, in den Vertrag zu willigen[2]). »Obgleich wir«, schreibt Innocenz, »ein preiswürdigeres Resultat dieser Angelegenheit gewünscht hätten, so nehmen wir dennoch den Vertrag an, weil bisweilen Zeitumstände das zu billigen rathen, was unsern menschlichen Wünschen nicht vollkommen entspricht«.[3])

Nur schweren Herzens hatte man sich in Avignon dazu entschliessen können, den Vertrag gutzuheissen. War es nicht möglich, einen besseren Ausgang zu erlangen? Da Karl IV. jetzt öfters seine Hilfe und guten Dienste[4]) in der Bologneser Angelegenheit dem Papste angetragen, beschloss man mit der Ratificirung des Vertrags zu warten, so lange zu warten, bis man klar erkennen könne, ob und was Karl zu Gunsten der Kirche thun würde. Er habe an diesen, sagt Innocenz, Briefe mitgegeben unter Einschluss einiger Hauptpunkte und hoffe, dass Karl bis zum 1. Mai[5]) durch die That sich ihm zu Willen zeigen werde. Bis dahin solle also Albornoz, wenn ihn nicht eine zwingende Nothwendigkeit triebe[6]), warten; auch mit Ungarn solle er sich bis zu

---

1) Martène II 897 ff. Chronica di Bologna 458.
2) Martène 899 E.
3) Es liegen uns zwei diesbezügliche Schreiben von Innocenz an Albornoz vor, Martène 897 und 901, beide vom 13. März 1361. Ich halte beide für wirklich abgegangen; das erste ist privaten Charakters, das zweite officiellen, welches im ersten Briefe angekündigt wird. Der allgemeine Eingang mit den Redensarten, wie sie in solchen Schreiben üblich, die schärfere Präcisirung der Bedingungen zeigt den officiellen Charakter des zweiten Briefes; ersterer bespricht an der Hand der Berichte des Albornoz nicht nur den Vertrag mit Este; auch andere Fragen, so die Anträge des Kaisers, die Verhandlungen mit Ungarn etc., werden darin erörtert.
4) plurima nobis auxilia et favores saepius retulerunt Martène 899 E.
5) infra Calendas Maii favorabiliter cum efficacia operis responsurum. Martène 900.
6) nisi te ad id faciendum articulus inevitabilis necessitatis cogeret.

diesem Termin in keine Verträge einlassen, ohne deshalb die Verhandlungen abzubrechen. Welcher Art diese an Karl gesandten Punkte waren, wird sich schwer entscheiden lassen. Nicht für unmöglich halte ich, dass der Papst ihm Bologna anbot. Es mochte ehrenvoller erscheinen, Bologna, wenn es einmal sein musste, dem Kaiser als an Este abzutreten.

Noch eine andere Möglichkeit — und sie wird der Curie wohl die liebste gewesen sein — fasste Innocenz ins Auge. Bernabò hatte, obwohl er doch offen mit der Kirche in Krieg stand, wiederholt versucht, mit der Curie in Verhandlung zu treten[1]). Er wusste zu gut, wie viel dieser an einer Beilegung des Streites gelegen war. Und die Curie war stets darauf eingegangen.

Im Mai 1360 war der Grossseneschall von Sicilien Nicolaus in Avignon[2]). Innocenz hielt grosse Stücke auf ihn und beauftragte ihn daher, auf der Rückreise mit Bernabò Verhandlungen anzuknüpfen. Am 11. Juni kam er nach Bologna[3]) und reiste dann nach einer Conferenz mit Albornoz zu Bernabò. Wirklich gelang es Nicolaus einen Vergleich herbeizuführen[4]), nach welchem Bernabò im Verlauf von 5 Jahren 80 oder 100,000 fl. ausgezahlt bekommen sollte, wogegen Bologna der Kirche verblieb. Bei der Hilflosigkeit der Curie sah sich Innocenz am 10. Juli gezwungen, seinem Legaten die Annahme dieses Friedens anzurathen. Schliesslich kam aber wegen Bernabòs Weigerung der Frieden doch nicht zu Stande[5]). Trotzdem hatte Bernabò die Beziehungen zur Curie nie abgebrochen. So hatte er — vermuthlich auf jenes Gerücht hin, das auch zu Karl drang, der Papst wolle Rom besuchen[6]) — an Innocenz für den Fall, dass dieser nach Italien käme, Anerbietungen gemacht. Innocenz hatte damals für solche Gesinnung seinen Dank ausgesprochen,

---

1) Martène 900.
2) Villani IX 95.
3) Chron. di Bol. 454. Villani IX 100.
4) Raynald Ann. eccl. 1360 IX. Theiner II 389.
5) Villani IX 110.
6) Martène 907 C und D.

im Uebrigen aber die eigentliche Antwort auf später, nach reiflicher Ueberlegung[1]), verschoben.

Neuerdings[2]) hatte Bernabò wieder mit der Curie angeknüpft, und zwar durch den Bischof Bonjohannes von Fermo. Er hatte diesem, welcher auf einer diplomatischen Reise von Albornoz nach Avignon begriffen war, mehrere Aufträge für den Papst mitgegeben[3]), unter andern den, der Papst möge doch seinen nächsten Gesandten nach Italien zuvor erst an ihn schicken, ehe er zu Albornoz ginge. Innocenz entsprach diesem Wunsch[4]). Sein Bote sollte zuerst zu Bernabò reisen und diesem einmal für seinen Antrag, den er ihm gemacht, falls der Papst Rom besuchen wolle, ausführlich Bericht erstatten[5]). Dann aber sollte er die Verhandlungen wegen Beilegung des Kampfes wieder aufnehmen, und zwar auf Grund jener Bedingungen, die Nicolaus von Sicilien im vorigen Jahre mit Bernabò vereinbart hatte[6]). Zeige Bernabò die ernstliche Absicht diese anzunehmen, so solle Albornoz besagten Vertrag jedem andern vorziehen und mit Bernabò abschliessen.

Nur ist man in Avignon längere Zeit unschlüssig gewesen, wer der Gesandte sein sollte. Am 13. März ist es Bonjohannes[7]), am 19. März scheint Wilhelm, Abt von Auxerre, ausersehen zu sein[8]); schliesslich wird aber doch Bonjohannes, der bereits mit Bernabò verhandelt hatte, als der tauglichste bestimmt, wie es Innocenz am 20. März an Albornoz meldet[9]). Abt Wilhelm von Auxerre, päpstlicher Specialgesandter, sollte mit ihm zusammen die Reise antreten.

Auffallender Weise — die Gründe wissen wir nicht[10])

---

1) plenius examinato consilio.
2) nuper sagt Innocenz am 20. März, Martene 909 D.
3) Martène 907 C.
4) Martène 909, E. 900.
5) Martène 907 D.
6) Martène 900 D und E.
7) Martène 900.
8) Martène 907.
9) Martène 909.
10) Den Grund möchte ich in den zur selben Zeit stattfindenden

— reisten aber diese Gesandten gar nicht ab. Erst als Bernabò, und dieses Mal mit ihm sein Bruder Galeaz, abermals Boten geschickt hatten[1]), verliess endlich am 18. April als päpstlicher Bevollmächtigter Wilhelm von Auxerre Avignon. Jetzt wird ihm auch sein Geleitsbrief ausgestellt[2]), ihm volle Gewalt ertheilt, gegen alle Widerspänstige mit Strafen vorgehen zu dürfen. Sein Auftrag lautete, wie bei jener beabsichtigten Botschaft vom März, zunächst an Bernabò[3]). Erst dann solle er auch zu Albornoz reisen und ihn über Alles Vorgefallene in Kenntniss setzen.

Die Thatsache, dass Bernabò wiederholt mitten im Kriege verhandelt, hat nichts Auffallendes. Das that er vorher und that es nachher. Sehr viel eher könnte man sich über die Bereitwilligkeit der Curie, darauf einzugehen, wundern[4]). Allein bei den eben geschilderten Vorgängen fällt doch etwas sehr auf: mit welchem Eifer, mit welchem Ernste dieses Mal Bernabò seine Beziehungen zur Curie wieder aufnahm. Die Gründe sind unschwer zu errathen. Einmal wird sich das Benehmen des Mailänders daraus erklären lassen, dass Karl damals in Verbindung mit Ungarn seine Schritte bei Bernabò gethan hatte. Da mochte es ihm gerathener erscheinen, direct mit der Curie sich auseinander zu setzen, statt sich von Karl und Ludwig einen Vertrag aufnöthigen

---

Unterhandlungen mit dem Kaiser suchen. Innocenz schwankte und wusste nicht recht, wem er sich in die Arme werfen sollte.
1) Martène 926 und 932 F.
2) Martène 927. 928.
3) Martène 932 F.
4) Charakteristisch für die Curie sind ihre Briefe an Bernabò. S. 907 z. B. heisst es: quam quidem oblationem tamquam sincerae (!) devotionis (sic!) argumenta monstrantem oder S. 726 in quibus devotionem tuam erga nos et sedem apostolicam laudabiliter ostendisti und später devotionem et oblationem easdem plurimum in Deo commendamus. Und das einem Feinde gegenüber, der seit Jahr und Tag mit der Curie im Kampfe lag, ihr unberechenbaren Schaden zugefügt, sie zu wiederholten Malen schmählich getäuscht hatte, einem Manne gegenüber, der seit dem November vorigen Jahres (wir werden später noch darauf zurückkommen) gebannt war!

zu lassen. Ob nun seine Anerbietungen an die Curie ernst gemeint waren oder nicht, die Bemühungen Karls waren jedenfalls dadurch gelähmt. Auch wird Bernabò gehofft haben auf diese Weise den gegen ihn geschlossenen Bund[1] — denn der Papst und der Kaiser waren im Augenblick Verbündete — sprengen zu können, indem er einen auf den andern misstrauisch machte.

Vielleicht darf man noch ein anderes Moment zur Erklärung von Bernabòs Schritten geltend machen. Es hatte sich in jenen Tagen allerorten das Gerücht verbreitet, Innocenz wolle Avignon verlassen und nach Rom zurückkehren. Schon vor dem 19. März[2] hatte Bernabò für diesen Fall Anträge in Avignon gemacht. Jetzt im April that Karl ein Gleiches[3]; er erbot sich persönlich den Papst nach Rom zu geleiten. Für ihn wäre es allerdings ein grosser Vortheil gewesen, wenn die Päpste auf diese Weise sich vom französischen Einfluss frei machten. Ein so schlauer Politiker, wie Bernabò, muss dieses kaiserliche Interesse erkannt und deshalb die Eventualität ins Auge gefasst haben, Karl könne einen Römerzug ins Werk setzen. Gerüchte von solcher Absicht des Kaisers können sehr gut zu Bernabòs Ohren gedrungen sein. Aber dies musste ihm, dem Ghibellinen, ebenso wenig angenehm sein wie den Guelfen[4]. War nun aber zwischen Bernabò und der Curie der Frieden hergestellt, so war einmal dem Kaiser ein Grund genommen, persönlich nach Italien zu kommen, andererseits konnte Bernabò auch der Unterstützung der Curie gewiss sein, einen solchen Plan zu hintertreiben.

Es lagen also für Bernabò wahrlich Gründe genug vor, sich ernstlich mit der Curie auf Verhandlungen einzulassen. Diese hatte früher dem Mailänder ausweichend geantwortet; im März hatte man allerdings beschlossen, seinen wieder-

---

[1] Vergl. auch Villani X 21 über das Fehlschlagen der Werbungen Bernabòs in Deutschland.
[2] Vergl. Martène II 907.
[3] Martène 945.
[4] Man vergleiche nur die Vorgeschichte des zweiten Römerzuges!

holten Bitten nachzugeben und eine Gesandtschaft an ihn abgehen zu lassen. Aber, wie wir sahen, unterblieb diese. Jetzt, am 19. April, reisen auf einmal die päpstlichen Bevollmächtigten nach Italien. Sollten wirklich blos die erneuten Bitten Bernabòs es gewesen sein, die die Curie bewogen, auf seine Wünsche einzugehen? Ich habe schon seiner Zeit hervorgehoben, dass Innocenz VI. von Mitte März an grosse Hoffnungen auf Karl setzte. Bis zum 1. Mai rechnete er sicher auf dessen thätiges Eingreifen. Mitte April kamen nun allerdings Gesandte Karls an den päpstlichen Hof[1]); allein was brachten sie? Schöne Redensarten, aber keine Hilfe[2]). Die brennende Frage des Tages, der Kampf um Bologna, ward in keiner Weise berührt. Schmählich sah sich Innocenz in seinen Hoffnungen getäuscht. Was halfen ihm jetzt Karls Versicherungen seiner Ergebenheit, das Anerbieten, er werde ihn persönlich nach Rom begleiten?!

Am 27. April schreibt[3]) Innocenz, Karls Gesandte seien kürzlich angekommen; am 19. April stellt[4]) er für Wilhelm von Auxerre den Geleitsbrief nach Italien aus. Sollte nicht in der That hier eine Verknüpfung stattgefunden haben? Jetzt, wo Innocenz aus Karls eignem Munde gehört, dass er nicht auf seine Hilfe rechnen könne — denn etwas anderes war Karls romantisches Anerbieten des Römerzugs in diesem Augenblick nicht — jetzt ergriff er die oft dargebotene, oft zurückgestossene Hand Bernabòs und warf sich in die Arme seines Feindes.

Natürlich durfte aber Innocenz bei aller Enttäuschung und Entrüstung über Karls Verhalten diesen nicht vor den Kopf stossen und ihn so noch weniger dienstfertig machen. Seine Antwort[5]) lässt daher an Höflichkeit nichts zu wünschen

---

1) Bote war Johannes Bambergensis eccl. canonicus.
2) Martène II 946.
3) l. c. B.
4) Martène 928.
5) Martène 946 No. 118.

übrig. Mit grossem Vergnügen, schreibt er, habe er die Briefe empfangen, in denen der Kaiser auf das Gerücht hin, der Papst wolle Rom besuchen, seinen Arm ihm angeboten. Allerdings, heisst es weiter, habe er schon längst dies gewünscht und er beschäftige sich im Augenblick ganz besonders mit diesem Plane. Allein seinem sehnlichen Wunsche seien sein hinfälliger Körper und andere wichtige Gründe entgegengestanden. Wenn diese sich zum Bessern gewendet, ja dann wolle er mit Vergnügen seinen Schutz in Anspruch nehmen. Aber welche feine Ironie — die nicht misszuverstehen war, falls sie etwa aus dem Vorhergehenden nicht schon herausgelesen werden sollte — spricht aus dem Folgenden, wenn Innocenz fortfährt [1]: Uebrigens weil für die Ruhe und den Frieden der Kirche, Bolognas und aller Getreuen seine Gegenwart besonders günstig sein würde, deshalb werde er für den Fall, dass er seinen Hof nach Italien verlege, zuvor sich nach Bologna begeben, ehe er Rom besuche.

Höflich und fein, aber ganz unzweideutig lässt Innocenz den Kaiser fühlen, wie wenig er seinen Hoffnungen entsprochen, wie unzeitgemäss jetzt die Schwärmerei einer Romreise; wie viel naheliegender es für ihn gewesen wäre, erst den Bologneser Streit zu beenden.

Karl hatte ja nun allerdings sich mit Bernabò zur Beilegung des Kampfes in Verhandlungen eingelassen. Sein Schweigen dem Papste gegenüber um diese Zeit beweist eben nur, dass sie noch zu keinem Resultat gediehen waren [2].

---

1) Martène 947. Ceterum quia pro bono —, propterea in casu quo disponeremus ad partes Italiae nos transferre ad civitatem ipsam Bononiensium, priusquam ad Romanam urbem accederemus, dirigere intendimus iter nostrum.

2) Weiter als diesen Antrag Karls wird sein Bote nichts überbracht haben. Das eigentliche Antwortschreiben Innocenz' (No. 118) zeigt es, wie auch die Tags zuvor ausgefertigte Anzeige an Karl, dass er seinen Boten empfangen und angehört habe. Quantum cum Deo poterimus cum casus accesserit, werde er votis annuere et desideriis complacere — Ausdrücke, die zum Inhalt des Karl'schen Briefes, wie ihn No. 118 erkennen lässt, durchaus passen, und wie mir scheint, einen andern ausschliessen. Uebrigens kommt es für uns allein dar-

Wir haben seine Schritte bereits so weit verfolgt, dass Bernabò das Versprechen gegeben, er wolle Sagremors mit genügender Vollmacht absenden, um auf Karl und Ludwig von Ungarn zu compromittiren.

Daraufhin [1]) — das Versprechen Bernabòs war doch so gut und zuverlässig, als wenn bereits Sagremors eingetroffen — beschloss man am kaiserlichen Hof, den Landgrafen Johann von Leuchtenberg nach Italien abzusenden. Denn jetzt, nachdem Bernabò versprochen sich dem Schiedsspruche Karls zu fügen, kam es darauf an, die strittige Frage genau zu untersuchen, um die Entscheidung richtig fällen zu können. Erste Bedingung aber war natürlich da, dass Waffenruhe eintrat. Mit diesen Aufträgen wird Johann von Leuchtenberg, des Kaisers Rath und Heimlicher [2]), abgeschickt. Am 30. März gibt Karl ihm Vollmacht [3]), den bedenklichen Zwiespalt zu besprechen und zu schlichten. Um dies mit Erfolg thun zu können, solle er bis Martini einen Waffenstillstand ansagen [4]). Am 13. April [5]) empfiehlt ihn Karl allen geist-

---

auf an, ob Karl etwa sonst noch von seinen Bemühungen bei Bernabò berichtet — und dass dies nicht der Fall, liegt auf der Hand.

1) Ich werde an dieser Stelle den weiteren Verlauf der Verhandlungen so darstellen, wie ich glaube, dass sie stattfanden. Die kritischen Erörterungen folgen in Excurs IV.

2) consiliarius familiaris et secretarius, v. Mohr 150.

3) Huber reg. 3615.

4) v. Mohr Cod. dipl. usque ad festum S. Martini proxime futurum. Vergl. Excurs IV.

5) Nach Huber reg. 3586 müsste es 13. März heissen. Ich kann mich aber nicht entschliessen, dies zu acceptiren. Noch am 7. April können wir Johann urkundlich in Nürnberg nachweisen (reg. 3619); und somit wäre, wenn Karl wirklich bereits am 13. März sein Creditive ausgestellt, ungefähr ein Monat verflossen, ehe Johann wirklich abreiste. Das lässt sich doch aber kaum denken. Nehmen wir 13. April an, so hat Johann immer noch 14 Tage gewartet, was sich am Ende durch den Gang der Dinge motiviren lässt. Ueberdies war doch wohl das Naturgemässe, dass erst Karl ihm seine Vollmacht ausstellt und dann den Geleitsbrief. Im andern Falle hätte Johann 17 Tage auf seine Vollmacht geharrt und wäre dann doch immer erst nach Verlauf von frühstens einer Woche aufgebrochen. Endlich hätte

lichen und weltlichen Fürsten. Die Thatsache, dass Johann von Leuchtenberg nach Empfang seines Beglaubigungsschreibens noch mehrere Tage in Nürnberg verweilte, erklärt sich vielleicht so, dass man Sagremors' Ankunft täglich erwartete, als dieser aber immer nicht kam, — man erwartete ihn lange [1]) — Johann endlich abreiste.

Mehrere Tage nach seiner Abreise traf Sagremors beim Kaiser ein, aber ohne die versprochene Vollmacht[2]). Die Lage Karls fing an bedenklich zu werden. Sollte er seinen Vicar für diese Wortbrüchigkeit und Beleidigung der kaiserlichen Majestät bestrafen? Dann war er aber aus seiner neutralen Stellung herausgedrängt. Allein ungeahndet konnte dieses Betragen Bernabòs nicht bleiben. Karl sagt selbst[3]), er habe, obgleich ihn Bernabò heftig erzürnt, dennoch in Ansehung der besonderen Zuneigung seines Grossvaters zum Hause der Visconti erst noch einmal beschlossen, Gnade vor Recht ergehen zu lassen, und ihn daher zunächst nochmals ernstlich aufgefordert, seinem Versprechen gemäss die Vollmacht für ihn und den König von Ungarn zu senden; und dann den Befehlen seines Machtboten entsprechend bis zum 11. November einen Waffenstillstand zu schliessen. Dabei blieb man jedoch jetzt, nachdem man Bernabòs Zweideutigkeit erkannt, nicht stehen. Würde er, so wurde ihm gemeldet[4]), vom Kriege gegen die Kirche nicht ablassen und gäbe[5]) er nicht alle Forts und sonstige Besitzungen der Kirche unvorzüglich[6]) heraus, so würde er wegen seiner Hartnäckig-

---

Karls Bote nach Avignon, der dort um Mitte April eintraf, von der Sendung Johanns bereits berichten müssen, falls schon am 13. März das fragliche Empfehlungsschreiben ausgestellt worden.

1) quamvis literae dudum processerint adventum Sagremors, v. Mohr 149. Vergl. auch Excurs IV.

2) v. Mohr 150. nullam a prefato Bernabone penitus attulit potestatem.

3) v. Mohr 150. Huber reg. Nachträge 6219.

4) Huber reg. Nachträge No. 6219.

5) Vergl. auch v. Mohr 151.

6) Nach Huber reg. 6219 ist der Ausdruck sine mora mit satisfaceret zu verbinden, und nicht, wie ich anzunehmen geneigt war, mit

keit, besonders weil er dem Kaiser und dem Reiche nicht gehorche und die gemachten Versprechungen nicht erfülle, nach dem Rath der geistlichen und weltlichen Kurfürsten innerhalb zwanzig Tagen aller Reichsvicarien und aller Gewalt beraubt und über ihn als Rebellen Acht und Reichsbann verhängt werden[1]). Den Process habe er, Karl, in allen dem Reiche unterworfnen Städten öffentlich bekannt machen lassen.

Diese kategorische Weisung überbrachte der Propst Rudolph von Wetzlar[2]). Zugleich ging der Befehl[3]) an den Reichsvicar Franz von Carrara, für den Fall, dass Bernabò obigem Befehl nicht nachkäme, mit aller Macht dem Albornoz beizustehen und alle seine etwa im Dienste Bernabòs stehenden Unterthanen zurückzurufen[4]).

---

vellemus procedere. Bei einem Waffenstillstand gibt man doch eigentlich seine Eroberungen nicht heraus, sondern behält sie bis zum Friedensschluss, welcher über den schliesslichen Besitzstand entscheidet.

1) Huber reg. 6219. v. Mohr 151.

2) Wenn im eigentlichen Bannungsdecret nur von Johann von Leuchtenberg die Rede ist, der die kaiserlichen Befehle überbracht hat, so ist dies sehr einfach dadurch zu erklären, dass natürlich Rudolph von Wetzlar seine Aufträge an Johann überbrachte. Dieser übermittelte sie dann an Bernabò.

3) Huber reg. 6220.

4) Beide Briefe, Huber reg. 6219 und 6220, sind vom 26. April und aus Nürnberg datirt. Nach seinem Itinerar (Huber reg. 3685 ff.) ist der Kaiser an diesem Tage in Sulzbach. Da aber die hier in Frage kommenden Vorgänge jedenfalls vorher in Nürnberg, das der Kaiser am 24. April verliess, besprochen und beschlossen worden waren, so konnte Karl sein Schreiben auch noch aus Nürnberg datiren. Das actum fällt also jedenfalls nach Nürnberg, das datum nach Sulzbach. Vielleicht darf man daraus folgern, dass Sagremors gar nicht mehr in Nürnberg den Kaiser traf, vielleicht sogar absichtlich bis auf die Auflösung des Reichstags gewartet hatte. Erst am 25. April erschien er vor Karl. Das lange Zögern Bernabòs, sein gegebenes Wort einzulösen, hatte natürlich die Fürsten misstrauisch gemacht und zu der Ueberzeugung gebracht, Bernabò werde keine Vollmacht schicken. Diesen Fall, der ja auch nachher wirklich eintraf, hatten sie berathen und ihr Urtheil dahin abgegeben, dass Bernabò, falls er wirklich seine Pflicht so weit vergessen könne, aller Rechte zu berauben sei. Von dieser Sentenz machte Karl am 26. April Gebrauch.

Allein Bernabò fügte sich nicht. Und nun konnte nichts mehr den Lauf der Dinge hindern. Leuchtenberg kehrte nach Ablauf des angekündigten Termins[1]) nach Deutschland zurück. In Prag erreichte[2]) er den Kaiser und meldete, dass Bernabò gegen alle Mahnungen und Befehle taub gewesen sei[3]). So musste denn das ihm angedrohte Urtheil verkündet werden[4]). Offen habe er sich nach dem Urtheil aller Fürsten gegen die Ehre des Reichs vergangen, er sei hiermit aller Aemter und Würden entsetzt, er und alle seine Anhänger als Rebellen gebannt. Auch habe der Kaiser, zur Schande Bernabòs, diesen Process öffentlich anschlagen lassen.

Das Decret ist am 29. Mai 1361 zu Prag[5]) ausgestellt.

---

1) Vom Datum des Briefes, 26. April, sollte gerechnet werden.
Den durch Rudolph von Wetzlar an Johann von Leuchtenberg überbrachten Befehl kennen wir blos dadurch, dass er einem kaiserlichen Schreiben an Franz von Carrara inserirt ist. Einmal ist nun schon von vornherein anzunehmen, dass beide das gleiche Datum tragen. Und jedenfalls ergab sich aus dem Briefe an Carrara, dass der betreffende Befehl an Leuchtenberg vom 26. April datirt war; sonst hätte es Huber nicht gethan. Nach Villani die Abreise Rudolphs aus Nürnberg zu berechnen, wäre hier gewiss falsch.
Villani X 49 gibt ein Datum, den 12. Mai, an. Er meint damit wohl den Tag, an welchem die 20tägige Frist ablief und Bernabò, da er dem kaiserlichen Befehl getrotzt, das Vicariat verlor. So zuverlässig ich auch sonst Villani halte, — was unzählige Male leicht zu beweisen wäre — hier möchte ich einen Irrthum annehmen. Nach Huber lief der Termin am 15. Mai ab. Vergl. Knoll Beiträge zur ital. Histor. 1—30.
2) Am 3. Juni in Prag beim Kaiser urkundlich nachweisbar. Huber reg. 3703.
3) monita surda aure pertransiens.
4) v. Mohr 151.
5) Auffallen könnte, dass Karl IV hier von Prag aus von der Zustimmung aller Kurfürsten und Fürsten redet. Doch geht aus der Instruction für Rudolph von Wetzlar hervor, dass die diesbezüglichen Verhandlungen unter den Fürsten bereits im April in Nürnberg stattfanden, dass schon damals die vereinigten Fürsten ihre Stimme dahin abgaben, Bernabò würde gegen die Ehre des Reichs sich vergehen, wenn er dem kaiserlichen Befehl nicht Folge leiste und sei dann zu bannen.

Von den Schritten, die Karl und Ludwig bei Bernabò gethan, hatte, wie wir sahen[1], Innocenz VI. bis Ende April noch keine Nachricht. Wann ihm darüber die erste Meldung zukam, lässt sich nicht genau sagen; doch dürfen wir annehmen, dass die Nachricht spätestens Mitte Mai in Avignon war. Karl hatte naturgemäss nicht eher von seinen Verhandlungen Meldung gemacht, als bis diese zu einem, wie es schien, sicheren Resultat gediehen waren, als bis Bernabò versprochen, auf ihn und Ludwig von Ungarn zu compromittiren. Nach diesem Ergebniss hatte er Johann von Leuchtenberg abgesandt[2], um einen Waffenstillstand bis zum 11. November herbeizuführen. Alles schien den besten Erfolg zu versprechen; die Vollmacht musste in den nächsten Tagen eintreffen. Es fehlte nur noch die päpstliche Einwilligung, um den Frieden in erwünschter Weise herbeizuführen. Dies waren die Aufträge, die Karls Gesandten[3] Conrad von Giesenheim und der Propst von Eichstädt überbrachten[4].

Innocenz VI., in der festen Ueberzeugung, wie er sich ausdrückt[5], dass Karl und Ludwig nur auf die Ehre, die Erhaltung und Erweiterung der Rechte der Kirche bedacht wären, beschloss, die erbetene Vollmacht[6] an Karl zu übersenden. Sein Bevollmächtigter sollte der Bischof Aegidius von Vicenza sein[7]. In letzter Stunde wurde aber der Bischof Raymundus[8] zum Gesandten bestimmt. Den Grund dieses Wechsels in der Person des päpstlichen Legaten werden wir

---

1) Vergl. oben S. 26 ff.
2) Anfang April 1361. Vergl. oben S. 28.
3) Martène und Durand Thesaurus II 975 D. 987 A.
4) Martène 970 nostum super hoc consensum inquirendo. Mader Gervas. Tilber. 100. Ohne Zweifel ist dies Schriftstück, welches Mader ohne Datum veröffentlicht, der Brief Karls.
5) Martène 976 B.
6) 976 C. plena potestate suffultum in te et regem praefatum ad compromittendum.
7) Vergl. Excurs IV. Martène No. 142, 146. In 142 liegt uns sein Beglaubigungsschreiben vor.
8) Martène No. 156. 158.

nicht genau bestimmen können. Wie der Papst selbst sagt[1]), erschien ihm die Sache so sicher, dass schon eine weniger bedeutende Persönlichkeit genügte und daher Raymundus[2]) ausersehen wurde. Aber auch er ging nicht ab, ja es sollte überhaupt kein Gesandter mehr an Karl geschickt werden[3]). Der Papst hatte nämlich Nachrichten aus Italien empfangen, dass Bernabò mit seiner Zusage den Kaiser und ihn selbst nur habe täuschen wollen[4]). Im höchsten Maasse empört, schrieb er darüber sofort an Karl. Er habe doch nicht glauben oder fürchten können, Bernabò würde es wagen, den Kaiser hinters Licht zu führen. Jetzt aber sehe er, dass es dennoch geschehen sei. Nun könne er natürlich seinen Boten nicht mehr abgehen lassen. Was hätte die Vollmacht noch für einen Sinn? Höchstens ein zweites Mal würde Bernabò seinen Spott mit ihnen treiben[5]). Sollte übrigens, fügt er hinzu, Bernabò einlenken, so sei auch er zum Frieden gern bereit. Zunächst aber müsse der Kaiser energisch gegen seinen Vicar einschreiten, zumal der Papst im Vertrauen auf sein Anerbieten, den Streit mit Bernabò beizulegen, es unterlassen habe, seinen Legaten in Italien zu unterstützen. Um diesen Ermahnungen noch grösseren Nachdruck zu verleihen, ersuchte Innocenz den Kanzler Karls Johann von Leitomischl, Ernst von Prag, Johann von Strassburg, Dietrich von Minden, Johann von Olmütz, Wilhelm von Wissegrad[6]), sie möchten ihm ihre guten Dienste leisten.

Dieser Beschluss, keine Vollmacht zu senden, wurde aber wieder umgestossen und Aegidius von Vicenza beordert, an den

---

1) 987 F. nos indubie credentes, quod dictus Bernabo minime aliud scriberet et aliud concepisset.
2) vir utique literarum scientia famosus et alias multipliciter expertus. 987 F.
3) Martène 987 F. 988. 989 F.
4) Martène No. 156. Vergl. auch darüber Villani X 48.
5) non destinandum, ne nobis et tibi per ipsum iterum illudatur.
6) Martène No. 155. Wahrscheinlich sollte Augustinus von Breisach diese Briefe überbringen. Sein Geleitsbrief ist No. 157. Schliesslich begleitet er Aegidius von Vicenza, nach dessen Tode überbringt er die Briefe. Martène 1013.

kaiserlichen Hof zu reisen [1]). Nun doch einen Legaten abzuschicken, dazu bestimmten den Papst einmal die Nachrichten, die Bischof Gerhard von Naumburg aus Deutschland überbrachte. Auch am kaiserlichen Hofe war ja inzwischen die Treulosigkeit Bernabòs bekannt geworden, indem Sagremors ohne die versprochene Vollmacht angekommen war [2]). Karl hatte daraufhin Rudolph von Wetzlar nach Italien gesandt mit jener kategorischen Weisung an Bernabò innerhalb zwanzig Tagen sich zu fügen. Natürlich musste hiervon auch der Papst benachrichtigt werden; Gerhard von Naumburg war der kaiserliche Bote. Eine solche Treue, wie sie der Kaiser nach den soeben erhaltenen Nachrichten bewiesen, musste belobt werden. So schrieb ihm Innocenz jenen Brief [3]), der in der That Schwung hat. Pathetisch ermahnt er den Kaiser, der Welt zu zeigen [4]), dass Kaiser und Papst vereint zusammen gehen. Grosses ruhe auf seinen Schultern, aber er werde sich seiner Vorgänger würdig zeigen. Am Schluss bittet er ihn, Albornoz zu unterstützen, auf der andern Seite Ludwig von Ungarn zu thätiger Beihilfe heranzuziehen.

Endlich werden die Mittheilungen über Karls abermaligen Conflict mit Rudolph von Oesterreich [5]), — jetzt doppelt bedenklich — entscheidend gewesen sein. In der augenblicklichen Lage, wo Innocenz hoffen durfte, der Streit um Bologna werde durch Karls Vermittlung beendet werden, musste diese Nachricht die grösste Bestürzung hervorrufen. Wie konnte Karl dann noch daran denken, mit allem Nachdruck in den italienischen Kampf einzugreifen? Hier musste schnell vorgebeugt werden. Wem aber sollte die wichtige und schwierige Mission übertragen werden? Nun, wer konnte dazu geeigneter [6]) erscheinen, als Aegidius von Vicenza, der

---

1) Martène 984. E. 990. Vergl. Excurs IV.
2) Vergl. oben S. 29 ff.
3) Martène No. 153.
4) nunc enim tempus est, ut evidenter appareat, quanta sacerdotium et imperium sint affectatione coniuncta etc.
5) Seit Anfang 1361. Huber Herz. Rud. 54.
6) multa circumspectione conspicuus et consilii maturitate prae-

bereits voriges Jahr in Deutschland[1]) gewesen war? Die Vollmacht, auf Karl und Ludwig von Ungarn compromittiren zu können, hatte keinen rechten Sinn mehr. Nach den Berichten aus Italien und den Nachrichten vom Kaiser war es nur zu wahrscheinlich, dass Bernabò freiwillig nicht mehr nachgeben würde, dass nur Zwang ihn dazu bringen könne. Innocenz fordert daher auch den Kaiser energisch auf[2]), gegen Bernabò einzuschreiten und den päpstlichen Legaten Albornoz thatkräftig zu unterstützen. Aegidius sollte seinen ganzen Einfluss dahin geltend machen, dies bei Karl zu erreichen. Immerhin war er aber auch ermächtigt[3]), von obiger Vollmacht Gebrauch zu machen. Weiter lautete sein Auftrag[4]), zwischen Karl und Rudolph von Oesterreich den Frieden herbeizuführen; einen Waffenstillstand, ganz wie er es für passend hält, anzusagen, gegen alle Widerspänstigen mit Strafen, Excommunication, Interdict etc. einzuschreiten. Da Innocenz sich erinnerte, wie sein Legat voriges Jahr nicht immer den nöthigen Gehorsam gefunden, so bevollmächtigte er ihn[5]), derartigen Vorkommnissen mit aller Energie entgegen zu treten. Karl und Rudolph wurden in eigenen Briefen ermahnt, den Hader fallen zu lassen. Wie er Karl bittet[6]) gegen Rudolph, als seinen Schwiegersohn, mild zu sein, so redet er diesem zu[7]), seinem Schwiegervater gehorsam zu sein. Und abermals ergeht die Aufforderung, den Aegidius in seinen Bemühungen zu unterstützen, an die vertrautesten und einflussreichsten Rathgeber beider Fürsten[8]), an Ernst von Prag, Johann von Leitomischl, Johann von Strassburg etc., wie an den Bischof von Gurk.

---

clarus et alias in magnis et arduis negotiis longa experientia comprobatus. Martène 985 E.
  1) Diessenhoven 120. Vergl. oben S. 6.
  2) Martène 983.
  3) Die ihm schon früher ausgestellte Vollmacht (No. 142) hatte noch ihre Gültigkeit. Vergl. Martène 1012.
  4) Martène 971.   5) Martène 973.
  6) Martène No. 147.   7) Martène No. 154.
  8) Martène 980—982. Auch Karls Bruder wird angerufen. —

Am 30. Mai sandte Innocenz die Boten Karls Conrad von Giesenheim und den Propst von Eichstädt an den Kaiser zurück[1]) mit der Meldung, dass Aegidius von Vicenza sofort folgen werde. Kurze Zeit darauf[2]) traf abermals eine Gesandtschaft Karls in Avignon ein. Es war eine Bitte, die Nicolaus von Prag überbrachte. Am 30. April war der Erzbischof von Magdeburg gestorben. Karl, der wohl schon damals an die Erwerbung Brandenburgs dachte, musste natürlich suchen, die Wahl eines ihm möglichst ergebenen Nachfolgers durchzusetzen. Bei dem Papste konnte er auf Entgegenkommen rechnen. Er bat ihn daher, den bisherigen Bischof von Minden Dietrich auf den Magdeburger Stuhl zu erheben. Am 8. Juni konnte Innocenz noch nicht bestimmt zusagend antworten. Er selbst war krank, sein Hof der Pest wegen verlassen, es war unmöglich ein Consistorium zu halten. Sobald er aber mit Gottes Hilfe im Stande sei, werde er ihm zu Gefallen sein.

Bereits am 20. Juni berichtet er[3]), er habe Dietrich von Minden zum Erzbischof von Magdeburg ernannt. Umsomehr gezieme es jetzt Karl, dem er soeben zu Gefallen gewesen, gegen Bernabò vorzugehen. Damit er noch deutlicher dessen Hartnäckigkeit und Wortbrüchigkeit erkenne, schicke er ihm einige Briefe mit, die er kürzlich vom Bischof Bonjohannes und seinem Nuntius Wilhelm aus Italien — wir erinnern

---

Beide Briefe an Ernst von Prag gehören hierher. Vergl. die Uebereinstimmung mit No. 153 defensionis brachium et refugium singulare, nisi infra viginti dies, molestavit et molestare non cessat. — No. 151 könnte vielleicht blos ein Entwurf sein, der schliesslich der andern Fassung nachgestellt wurde (No. 152). Nicht unmöglich halte ich es jedoch, dass Ernst von Prag seines Einflusses auf Karl wegen noch einen besonderen Brief erhielt, und nicht blos jenen, den auch die andern Bischöfe bekamen.

1) Martène 989.
2) nuper schreibt Karl am 8. Juni. 1000 D.
3) Martène 1003. Ohne Zweifel erfüllte Innocenz so schnell Karls Wunsch, um dessen Hilfe gegen Bernabò um so sicherer sein. Die Briefe aus Italien, die in jenen Tagen (nuper am 20. Juni) ankamen, legten es nur zu nahe.

uns[1]), dass er auf Bernabòs mehrmaliges Drängen Mitte April abgeschickt wurde — erhalten habe. Auch Dietrich von Minden[2]) wird aufgefordert, zu Gunsten der Kirche bei Karl zu wirken, um so mehr, da er eben jetzt die Gnade der Kirche empfunden. Endlich wird auch Aegidius[3]) von den eingetroffenen Nachrichten in Kenntniss gesetzt und ihm der Rath ertheilt, namentlich Dietrich von Minden bei seinen Bestrebungen heranzuziehen, auf dessen Eifer er gewiss zählen könne.

Aber Aegidius sollte seine ehrenvolle Mission nicht vollenden. Mehrere Tage nach seiner Abreise[4]) ist er gestorben. Was sollte Innocenz thun? Der Pest wegen war sein Hof verödet[5]), die anwesenden Würdenträger scheuten sich die Strapazen der Reise zu übernehmen. So sah er sich gezwungen, die Briefe, die Aegidius überbringen sollte, durch Augustin von Breisach und Johann von Rom[6]) an ihren Bestimmungsort zu übermitteln. Von Neuem wird Karl aufgefordert, Bernabò zu züchtigen. Allein[7]) — fügte er hinzu — sollte Bernabò einlenken und seine Schuld bekennen und thatsächlich Reue beweisen, so möge er ihm dies schleunigst mittheilen. Was Karl, zu dem er das vollste Vertrauen habe, rathe, werde er gern thun[8]). Auch Rudolph von

---

1) Vergl. oben S. 24.
2) Martène 1004, No. 175.
3) Martène 1005.
4) dum idem episcopus iam dictis aliquibus versus serenitatem ipsam dirigeret tam solliciter quam fideliter gressus suos.
5) Martène 1012 E.
6) Martène 1013 A.
7) Postremo hoc unum non ducimus omittendum, quod in casu, quod dictus Bernabos — tuo arbitrio stare vellet et id evidenti effectu operis demonstrare etc. 1013 D.
8) Es muss Wunder nehmen, dass Innocenz mit keiner Silbe von Karls Bann gegen Bernabò redet. Und bekannt gewesen sein muss er damals, am 27. Juni, in Avignon. Doch möchte ich einige Ausdrücke im Briefe Innocenz' so verstehen. Der Schluss hat starke Anklänge an denjenigen von No. 153. Während es aber hier heisst: Wir bitten Euch, dass Ihr, wie Ihr herrlich begonnen, so bis zu einem glücklichen Ausgange des Bolognes er Streites uns zu helfen fortfahren

Oesterreich[1]) wird von dem Vorgefallenen in Kenntnis gesetzt und dringend zum Frieden ermahnt. Nur dann, wenn Karl mit Herzog Rudolph ausgesöhnt war, liess sich hoffen, dass Karl gegen Bernabò mit Gewalt vorging. Der Papst ersehnte Letzteres sehr, und allerdings sprachen ja alle Anzeichen dafür, dass es dahin kommen musste.

Ist nun Karl in dieser Weise gegen Bernabò vorgegangen? Ich finde nichts darüber. Man hat zur Erklärung der Thatsache, dass Karl vorher so energisch gegen Bernabò auftrat, jetzt aber den Worten die That nicht folgen liess, verschiedene Gründe vorzubringen gesucht[2]). Einmal verknüpft man damit die Magdeburger Angelegenheit. Mag nun in Wirklichkeit Innocenz erst dann den Bitten Karls wegen Dietrichs Erhebung Folge gegeben haben[3]), als er erfahren, Karl habe Berbanò des Vicariats entsetzt — aus den Ausdrücken des Briefes No. 174 kann man es nicht beweisen, noch das Gegentheil darthun —, niemals darf doch Karls Auftreten gegen Bernabò mit der Besetzung des Magdeburger Stuhles in Verbindung gebracht werden. Am 30. April wurde der Madgeburger Stuhl erledigt, Anfang Mai also hatte Karl davon Kunde. Allein bereits am 26. April war Rudolph von Wetzlar nach Italien geschickt worden mit jenem Ultimatum an Bernabò. Als auch diesem Bernabò nicht mehr gehorchte, war sein Schicksal entschieden. Auch in Karls heftigem, leicht erregbarem Wesen hat man den Grund gesucht[4]). Gewiss nicht mit Recht. Für Karl lagen wahrhaftig Gründe genug vor, die Beendigung des Kampfes um Bologna zu wünschen. Was Wunder, dass er in dieser Weise bei Bernabò wirkte! Und nun ging Bernabò auf seine Wünsche ein, versprach Vollmacht zu senden, erfüllte aber im letzten

---

mögt, auf dass etc. schreibt er dort (No. 184), wir bitten Euch, wie Ihr begonnen etc. dass Ihr das Schwert ziehet, auf dass etc. Liegt hierin nicht die Aufforderung, nun auch dem Bann entsprechend vorzugehen, die Execution folgen zu lassen?

1) No. 185.
2) Knoll Beiträge z. ital. Historiogr. 24.
3) Knoll l. c. 23.
4) Knoll 21. 24.

Augenblick sein feierlich, und nicht bloss Karl, gegebenes Wort nicht. Selbst wenn Karl seiner persönlichen Neigung nach lieber geschwiegen hätte, hier ging es nicht mehr an. Jetzt war seine, des Kaisers Würde verletzt. Und desshalb liess er Bernabò die strikte Weisung zukommen, zu gehorchen — — noch ehe der Erzbischof von Magdeburg gestorben. Sollte er etwa bereits damals auf den Tod dieses Greises gerechnet haben? Uebrigens hat Karl, auch nach Dietrichs Erhebung sich für Innocenz »erwärmt«; mit Nichten ist sein Zorn verrauscht, sein Eifer für die Kirche sichtlich erkaltet[1]).

Am 12. August 1361 schickt nämlich Karl IV. der Stadt Strassburg ein Schreiben[2]): er hat hiermit seine am Schluss des Diploms vom 29. Mai ausgesprochene Drohung, gegen Bernabò mit weiteren Strafen nöthigen Falls vorzugehen[3]), ausgeführt. Der Kaiser verordnete[4]) darin einmal, dass die Processe gegen Bernabò öffentlich angeschlagen würden. Dann aber sollte der Rath dafür Sorge tragen[5]), dass keine bewaffnete Mannschaft nach Italien ziehe, es sei denn, sie verspreche mit körperlichen Eiden in keiner Weise, weder in Rath noch That, weder heimlich noch offen[6]) sich an der Kirche vergreifen zu wollen. Diejenigen, die trotzdem in die Dienste Bernabòs träten, welchen Grades oder Standes sie auch wären, sollten aller ihrer Habe und ihres

---

1) Knoll 24.
2) Huber reg. 3739. Vergl. die Beilage, die nach dem auf dem Strassburger Stadtarchiv sich befindenden Original angefertigt ist.
3) Ad alia nichilominus graviora, si dicti Bernabonis temeritas illud exegerit suadente iusticia processuri. Mohr 152.
4) Ich halte diese Befehle des Kaisers für die Folge jener dringenden Ermahnungen des Papstes, die Aegidius von Vicenza überbringen sollte. Gedanken, wie sie Karl hier ausspricht, dass die Gefahren der Kirche der gesammten Christenheit zum Unheil gereichen, finden sich in ähnlicher Weise auch in den Briefen des Papstes. Zeitlich passt die Annahme vortrefflich. Am 27. Juni sagt Innocenz, dass Augustin von Breisach die Briefe des Aegidius überbringen werde.
5) non permittatis aliquam gentem armigeram cuius etiam nationis existat transire versus partes Ytaliae nisi etc. Vergl. die Beilage.
6) verbo consilio coniventia aut facto publice vel occulte.

Gutes[1]) verlustig gehen. Derselben Strafe seien diejenigen verfallen, die zwei Monate[2]) nach Bekanntmachung dieser Processe nicht die Dienste Bernabòs verlassen hätten. Schliesslich sollten auch diese Befehle öffentlich bekannt gemacht werden, damit nicht etwa Bernabò oder sonst ein Feind der Kirche oder des Reichs in irgend einer Weise mit seiner Unkenntniss sich entschuldigen könne[3]).

Von weiteren Schritten Karls gegen Bernabò hören wir allerdings nicht. Selbst, etwa mit einem Heere, einzuschreiten lag für ihn kein Grund vor, wie es überhaupt nicht seine Sache war. Und wenn er es auch gewünscht, er durfte es nicht. Erstens war er zu schwach, die Visconti niederzuwerfen. Und wieder muss ich fragen, in wessen Interesse war eine solche Bekämpfung der Visconti? Ein kaiserliches war es nicht.

Entscheidend für Karls Stellung zur Bologneser Frage sind stets seine politischen Beziehungen zu Ungarn und Oesterreich. War er Anfang 1360 eben wegen seines Gegensatzes zu diesen gezwungen, dem Papste seine Hilfe zu versagen[4]), so war er gegen Ende des Jahres, nachdem er mit Ludwig und Rudolph ausgesöhnt, sofort in päpstlichem Sinne thätig gewesen[5]). Sein gutes Einvernehmen mit Oesterreich war allerdings mit dem beginnenden Jahre 1361 wieder gestört[6]) — wie früher hatte Rudolph trotz seines Versprechens königliche und kaiserliche Zierrathen zu tragen und sich ganz als Herzog von Schwaben zu geriren begonnen — allein in den Beziehungen zu Ungarn war, soviel wir erkennen können, keine Aenderung eingetreten. Wir sahen bereits, dass es Karl geglückt war, seine Bemühungen zur Schlichtung des Bologneser Streites mit denen Ludwigs von Ungarn zu ver-

---

1) vos de bonis ipsorum omnibus mobilibus et immobilibus feudalibus sive propriis et cuius etiam alterius tytuli fuerint etc.
2) infra duos menses a publicatione nostrorum processuum.
3) quavis ignorantia valeant quomodolibet excusari.
4) Vergl. oben S. 7 ff.
5) Ebendaselbst S. 14 ff.
6) Huber Herz. Rudolph 54.

binden: beide sollten gemeinschaftlich das Schiedsrichteramt zwischen der Curie und Bernabò ausüben. Schon oben haben wir die Bedeutung dieses diplomatischen Erfolges zu würdigen versucht[1]). Aber seine Wirkung erstreckt sich noch weiter.

Gleich bei Beginn des Conflictes in Italien hatte Karl erfahren, welchen Schaden Kaiser und Reich durch eine Intervention Ludwigs leiden mussten[2]). Auch später, das ganze Jahr 1360 hindurch, waren die Befürchtungen nicht geschwunden[3]); die Gefahren waren grösser vielleicht, als Karl, der die Verhandlungen zwischen der Curie und Ludwig nicht so genau kennen konnte, ahnen mochte. Jetzt, 1361, waren sie beseitigt. Die Politik Karls feierte einen glänzenden Triumph.

In seiner Noth[4]) und ausser Stande länger Widerstand zu leisten, hatte Albornoz mit den Markgrafen von Este bereits über die Ueberlassung[5]) des Vicariats von Bologna Verhandlungen begonnen; Mitte Februar[6]) 1361 war darüber ein Vertrag zu Stande gekommen, den am 13. März auch Innocenz annahm. Nur sollte Albornoz, wenn es irgend ginge, mit der Ratificirung so lange warten, bis Karls Schritte deutlich zu erkennen wären. Bis zum 1. Mai müsse sich dies entschieden haben. Mit Rücksicht auf die zu erwartende Hilfe des Kaisers sollte Albornoz auch mit Ungarn keinen Vertrag abschliessen[7]), ausser wenn ihn eine unvermeidliche Nothwendigkeit zwinge. Ehe aber diese Verhaltungs-

---

1) Vergl. oben 19 ff.
2) Vergl. den Excurs II.
3) Vergl. oben S. 19.
4) Man vergl. auch Theiner II 401.
5) Martène 897 ff. Vergl. oben S. 20 ff.
6) Im Februar fanden zwischen ihnen Verhandlungen statt. Am 13. Februar 1361 juraverunt, approbaverunt, ratificaverunt et submiserunt se de novo ecclesiae Romanae die Markgr. von Este. Murator. Antiq. Est. 180. Jedenfalls bei dieser Gelegenheit verhandelte man auch über Bologna. Der Vertrag kam Anfang März nach Avignon, denn Innocenz sagt von ihm am 13. März, er sei noviter praesentatum. Martène 897.
7) Martène 900.

maassregeln an Albornoz gelangt waren[1]), hatte sich dieser bereits auf den Weg zu König Ludwig gemacht. Mit dem Versprechen bis spätstens im Mai wieder zurück zu sein, hatte er Mitte März Bologna verlassen und nach einem Aufenthalt in Ancona seine Reise nach Ungarn fortgesetzt[2]).

Hier aber fand er die Sachlage derartig, dass Ludwig von Ungarn gar nicht auf die Absichten und Wünsche des Legaten eingehen durfte. Die Verhandlungen zwischen dem Kaiser, ihm und Bernabò hatten dahin geführt, dass Bernabò sich dem Schiedssspruche der Könige von Böhmen und Ungarn zu fügen versprochen hatte. Ludwig konnte daher jetzt nicht auf eigene Faust gegen Bernabò vorgehen; erst musste der Verlauf der Vermittlungsversuche abgewartet werden. Villani[3]) kannte die genauere diplomatische Lage nicht, es musste ihn mit vollem Recht wundern, Gesandte Bernabòs am ungarischen Hofe zu finden, wie es möglich war, dass Bernabò ohne jede Unterstützung[4]) heimkehrte; daher auch seine Erklärungsversuche. Uns aber wird das Resultat seiner Legation nicht überraschen.

Der concurrirende Einfluss Ungarns war beseitigt: Das hatte Karl IV glücklich erreicht. Im Uebrigen aber hatte seine Politik in Italien Fiasko gemacht. Bernabò hatte allen

---

1) 13. März in Avignon expedirt.
2) Villani X 41. Chronica di Bologna 459. Ghirardacci II 252. Nach Villani reiste Albornoz am 17. März, nach Chron. di Bol. am 15. März aus Bologna ab. Vergl. Sickel Vicariat d. Visc. 31. Anm. 1. Im Gegensatz zu Sickel halte ich Vill. für sehr zuverlässig; er zeigt eine Kenntniss aller Vorgänge, die geradezu erstaunlich ist. Selbst bei den subtilsten Fragen habe ich ihn meistens bestätigt gefunden. Wenn übrigens Sickel sagt, Karls Spruch gegen Bernabò könne erst nach der Reise des Albornoz gefällt sein, so irrt er sich. Die Entscheidung dieser Angelegenheit hing, wie wir sahen, von ganz andern Umständen ab, auf die ich hier nicht wieder einzugehen brauche. Zeitlich trifft es sich freilich, dass Bernabò erst nach Rückkehr des Albornoz abgesetzt wird, aber ein Zusammenhang besteht nicht. Hätte die Reise überhaupt Erfolg gehabt, so wäre sie dem kaiserlichen Interesse geradezu zuwider laufen.
3) Villani X 44.
4) Vergl. auch Ghirardacci II 252.

seinen Ermahnungen und Befehlen Hohn gesprochen, so dass Karl eigentlich sich genöthigt sah, mit Waffengewalt gegen seinen abtrünnigen Vicar vorzugehen. Das war nun aber seine Sache nicht, wie auch das kaiserliche Interesse es erheischte, die Visconti zu schonen. Umsoweniger durfte er jetzt sich hier weiter einlassen, als er seit Anfang des Jahres 1361 wieder mit Rudolph von Oesterreich zerfallen war. Da brach Ende des Jahres auch noch ein Conflict mit Ludwig von Ungarn aus [1]), ernstlicherer Natur denn je früher. Zunächst konnte kein Papst bei Karl IV auf Unterstützung rechnen.

III.

So sah sich Innocenz VI in allen seinen Hoffnungen getäuscht; er blieb in dem Kampfe mit Bernabò allein. Die Lage des Albornoz ward daher immer bedenklicher [2]). Wohl hatte die Curie überallhin ihre Hiferufe gesandt, aber ohne rechten Erfolg. Auch mit geistlichen Waffen war sie vorgegangen; bereits am 25. August 1360 [3]) hatte Innocenz VI Bernabò auf kommenden 4. November vorgeladen. Bernabò hatte sich aber gar nicht daran gekehrt und war nicht erschienen. Er wurde deshalb an eben diesem Tage gebannt, allein gleichfalls ohne Wirkung. Jetzt hatte Ludwig von Ungarn seinen Unterthanen

---

1) Huber Herz. Rudolph 74—77.

2) Es ist sehr zu bedauern, dass uns jetzt die genauen Berichte Marténes im Stiche lassen. Denn was uns sonst geboten wird, ist sehr wenig. Raynald speciell behandelt die Jahre 1361 und 1362 bis zum Tode von Innocenz VI unglaublich kurz, und wenn er etwas berichtet, ist fast ausschliesslich Villani seine Quelle, nicht wie sonst das päpstliche Archiv. Allem Anschein nach fehlen diese Jahre darin; er selbst sagt (S. 64 I) auch geradezu einmal, er habe ein betreffendes Schriftstück nicht finden können. Theiner enthält ebenfalls nichts. So sind wir meist auf Rückschlüsse und die gleichzeitigen Chronisten angewiesen, und in der That lässt sich nach ihnen der weitere Verlauf der Dinge annähernd genau verfolgen, wenn wir auch auf die interessanten Details, wie sie uns Marténe erschloss, verzichten müssen.

3) Raynald a. a. 1362 XIII.

wohl befohlen [1]), den Dienst Bernabòs zu verlassen, der Kaiser hatte diesen wohl seiner Aemter entsetzt, aber dabei war es geblieben. Auch die Bemühungen bei den italienischen Staaten hatten kein glückliches Resultat ergeben [2]). Villani berichtet, wie man jetzt wieder namentlich Florenz [3]) aus seiner neutralen Haltung herauszudrängen bestrebt war, indem man ihm die eigne Gefahr vorstellte [4]), die ihm drohe, wenn Bernabò erst einmal Bologna in Besitz genommen. Gewiss hatte Florenz allen Grund [5]) auf seiner Hut zu sein. Und Villani bezeugt uns, dass eifrige Verhandlungen darüber in der Bürgerschaft geführt wurden. Aber trotz aller Furcht und alles Hasses gegen Bernabò, wie dies auch die Rede bei Sickel [6]) bezeugt, siegte schliesslich doch die Meinung, den Frieden mit Bernabò aufrecht zu erhalten [7]).

Da endlich wendete sich das Geschick zu Gunsten der

---

1) Villani X 49.

2) Am 26. April 1360 dankt Innocenz Franz von Carrara für gesendete Hilfe, Verci XIV 9. In demselben Jahre hatte Aldrovandinus Este an Albornoz trenta sei mila fl. geschickt. Muratori Ant. Est. II 139. Aber was war damit geholfen?

3) November 1360 hatte Florenz durch eine Gesandschaft Bernabò zum Frieden zu bestimmen versucht. Villani X 14.

4) Villani X 57.

5) Vergl. Donato Velluti Chronica di Firenze 99.

6) Sickel Vicar. d. Visconti 33 Anm. 4. Auch hier sind Sickels Bemerkungen unrichtig. Villani ist vollkommen im Recht, wenn er diese Rede hierher setzt, denn Bernabò war seit 4. Nov. 1360 in Bann und seit 29. Mai 1361 in Reichsacht. Sickel ist aber ganz durch seine Annahme, Bernabò sei erst 1363 in die Acht erklärt worden, beherrscht. Vergl. Donato Velluti 99.

7) Jedoch so viel glaubte man bei aller Neutralität doch thun zu dürfen, dass man Bologna von Florenz aus mit Proviant versorgte. Natürlich, hier gab es ein Geschäft zu machen! Denn ohne diese Absatzquelle (Villani X 57) wäre, sagt Villani ganz naiv, bei der reichen Ernte dieses Jahres der Preis des Getreides etc. auf nichts herabgesunken. Auch später, als er berichtet (X 60), dass Bernabò besonders die Florentiner beschuldigt habe, an seinem Unglück Schuld zu sein, kommt er abermals darauf zurück und bemerkt, dazu hätten die Florentiner, ohne die Neutralität zu brechen, vollkommene Berechtigung gehabt.

Kirche. Die päpstlichen Truppen trugen einen grossen Sieg [1]) über Bernabò davon. Der moralische Eindruck dieses Erfolges auf die Fürsten der Lombardei wie namentlich auf Albornoz selbst kann nicht hoch genug angeschlagen werden [2]). Endlich war es für diesen von grösstem Vortheil, dass die Pest damals gerade in Mailand in seltener Heftigkeit auftrat [3]), so dass Bernabò sich in die Einsamkeit aufs Land flüchtete. Es hiess daher bald, er sei gestorben. War dies auch nicht der Fall, arbeitete er vielmehr auch im Verborgnen rastlos an dem Fall Bolognas, so hatte doch jedenfalls Albornoz von dieser Zurückgezogenheit den grössten Vortheil.

Auch sonst veränderte sich die politische Constellation immer mehr zu Gunsten der Kirche. Vom Beginn des Jahres 1361 bis in den Mai hinein hatte Rudolph in seiner feindlichen Haltung gegen Karl IV verharrt. Es ist nicht unwahrscheinlich, dass Bernabò mit aus diesem Grunde so wenig auf die Drohungen des Kaisers gab. Jetzt aber traten Verhältnisse ein, die Rudolph seine oppositionelle Stellung aufzugeben zwangen und eine Aussöhnung mit Karl herbeiführten. Im Juni 1361 trafen sie in Budweis zusammen [4]).

Die Streitigkeiten mit dem Patriarchen von Aquileja waren es, die Rudolph dem Kaiser gegenüber einzulenken bestimmten. Diese hatten schon seit längerer Zeit gedauert und waren im Frühjahr 1361 namentlich durch die Herren von Pramberg fortgeführt worden [5]). Als jetzt aber auch der Papst, der bisher den Patriarchen begünstigt hatte, auf Rudolphs Seite trat [6]) und ihm gegen die Herren von Pramberg einzuschreiten am 28. April befahl, beschloss Rudolph endlich einmal hier Ruhe und Ordnung herzustellen. Allein erst musste er sich mit Karl IV. aussöhnen, der freudig die

---

1) Villani X 58. 59.
2) Vergl. Villani X 59.
3) Villani X 64. Diessenhoven 125. Nachdem er von der Verwüstungen der Pest in Avignon gesprochen mortalitas sed multo maior erat in Lombardia, maxime in Mediolano.
4) Huber Herz. Rudolph 55.
5) Huber l. c. 66.
6) Ebenda 67.

dargebotene Hand ergriff. Nachdem daraufhin Rudolph Truppenzusammenziehungen begonnen, reiste er Anfang August nach Prag [1]). Das Bündniss von Budweis wurde erneuert und auf alle Zukunft ausgedehnt. Jeder versprach dem andern Hilfe zu leisten, als wäre es seine eigene Sache. Am 2. August sagte Karl in Folge dessen den Unterthanen des Patriarchen Fehde an. Vom Kaiser mit Truppen unterstützt zwang Rudolph bereits am 15. September den Patriarchen zu einem Waffenstillstand [2]). Mit 12 Adligen musste dieser versprechen nach Wien zu kommen und sich dem Schiedsspruche Karls und Ludwigs von Ungarn zu unterwerfen.

Auf Niemanden mussten diese Ereignisse einen grösseren Eindruck machen, als auf Bernabò; und wenn wir jetzt hören, dass Bernabò mit der Kirche Friedensverhandlungen führte, werden wir nicht irre gehen, die Ursache davon wesentlich in diesen letzten Ereignissen und der dadurch documentirten Allianz zwischen Karl und Rudolph von Oesterreich zu suchen.

Am 21. November 1361 kam in castro Paudini der Diöcese von Lodi der Friedensvertrag zu Stande [3]). Ueber die eigentlichen Bedingungen fehlen uns alle Nachrichten. Zu Garanten des Friedens und als Schiedsrichter wurden Karl und die Könige von Ungarn und Frankreich bestellt. In einem Nebenvertrage [4]) versprachen der Papst und Albornoz und dessen Nachfolger im Amte bei Kaiser Karl sich zu Gunsten Bernabòs zu verwenden, dass Bernabò wieder in die Rechte und Ehren des Vicariats von Mailand eingesetzt werde. Es war dies ein geheimer Artikel.

Welcher Art die Friedensbedingungen im Einzelnen waren, wissen wir leider nicht. Im Wesentlichen scheinen

---

[1]) Huber Herz. Rud. 68.
[2]) Heinr. v. Diessenhoven 124. Huber l. c. 68 ff. Darauf besuchte Rudolph noch Venedig, wo er vom 29. Sept. bis 5. Oct. verweilte.
[3]) Villani X 81. Chron. di Bologna 464. Huber Regesten Reichssachen 357. Von Seiten der Kirche war der Bischof von Fermo der Bevollmächtigte. Vergl. auch Ghirardacci II 260.
[4]) Huber l. c. 358.

sie mir den schliesslichen von 1364 sehr ähnlich gewesen zu sein. Wir hören von bestrittenen Städten[1] — die nur Bernabò herauszugeben hatte. Dafür verspricht die Curie ihre Bemühungen zu Gunsten Bernabòs bei Karl und ohne Zweifel auch eine grössere Geldsumme — ganz wie wir es 1364 wiederfinden. Wenn Karl, Ludwig von Ungarn und Johann von Frankreich als Vermittler genannt werden — wie 1364[2] —, so möchte ich daraus noch nicht schliessen, dass sie bei diesem Frieden mitgewirkt haben. Ihre Nennung ergibt sich einfach naturgemäss aus der Stellung, die sie zur Bologneser Frage bis zu dieser Zeit eingenommen hatten[3].

Die Verhandlungen führten aber schliesslich doch nicht zum Frieden; sie scheiterten an den Forderungen Bernabòs. Habe ich das friedliche Einlenken Bernabòs richtig mit der politischen Stellung von Karl, Ungarn und Oesterreich in Verbindung gebracht, so ist Bernabòs Umkehr auch die Folge der inzwischen ganz veränderten diplomatischen Lage.

Seit dem Sommer 1360 waren die Beziehungen zwischen Karl und Ludwig von Ungarn durchaus freundschaftlicher Natur gewesen. Gegen Ende 1361 aber brach zwischen ihnen ein Conflict aus[4], der die schwerwiegendsten Folgen nach sich zog. Das Zerwürfniss war rein privater Art. Karl hatte sich ungarischen Gesandten gegenüber spottend über die freie Lebensweise der Mutter König Ludwigs ausgelassen, welches diese, da ihnen persönliche Genugthuung verweigert wurde, mit einer Kriegserklärung beantworteten. König Ludwig billigte vollständig das Benehmen seiner Gesandten. Dass bei einem Zusammenstoss der beiden Mächte die übrigen nicht neutral bleiben würden und könnten, war nur zu wahrscheinlich. Polen[5] stand naturgemäss auf Seite

---

[1] litigiosa oppida. Vergl. Reg. No. 357 Reichssachen.

[2] Vergl. unten S. 66.

[3] Darf man aber nicht aus der Fassung »Albornoz und dessen Nachfolger im Amte« herauslesen, dass Bernabò bereits hier wie später 1364 die Bedingung stellte, dass Albornoz durch einen andern Legaten ersetzt würde?

[4] Huber Herz. Rud. 74.

[5] Kasimir war der Onkel Ludwigs.

Ungarns. Aber auffallen muss, dass Rudolph von Oesterreich, der doch soeben vom Kaiser in seinem Kampfe mit Aquileja unterstützt worden war, gegen den Kaiser Partei ergriff.

Huber[1]) bringt zur Erklärung dieser Thatsache die Eifersucht Rudolphs auf Karls Bestrebungen in Tirol vor, wie mir scheint, mit vollkommnem Recht. Hier war am 17. September 1361 Ludwig der Brandenburger gestorben und Meinhard gefolgt. Sofort hatte Karl eingesetzt: am 11. October wird Meinhard zu seinem täglichen Hofgesinde ernannt, seine Länder in seinen besonderen Schutz genommen. In der That waren die Verhältnisse derart, dass sie Herzog Rudolph das grösste Misstrauen einflössen mussten. Schon das lange Zaudern, die Präliminarien des Friedens mit Aquileja zu erfüllen[2]), d. h. nach Wien zu kommen und dann mit dem Patriarchen zu Karl zu reisen, um hier endgültig den Frieden zu vereinbaren, möchte ich damit in Verbindung bringen. Erst in der zweiten Hälfte des November kam Rudolph nach Wien, aber zu Karl reiste er nicht.

Da brach der Conflict zwischen Ungarn und dem Kaiser aus und Rudolph stellte sich auf die Seite Ungarns. Am 31. December 1361 schlossen sie ein enges Bündniss[3]) gegen Jedermann, auch gegen den Kaiser, und versprachen, keinen Vertrag oder Frieden ohne Wissen und Willen des andern einzugehen.

Es wird uns nicht Wunder nehmen, dass Bernabò, in einer Zeit, die mit Verträgen und Eidschwüren um sich sprang, wie kaum eine andere vor- und nachher, so wie er von dieser Sachlage Kenntniss erhalten, von dem Frieden mit der Curie zurücktrat. Er machte seinen Bruder[4]) dafür verantwortlich, dass er mit seinen Anerbietungen weiter gegangen sei, als er durch ihn beauftragt worden.

Die Stellung von Galeaz war überhaupt eine vermittelnde.

---

1) Huber l. c. 76.
2) Vergl. Huber 73 und 74.
3) Huber reg. Reichssachen 360.
4) Villani X 90.

Gleich nach Ausbruch des Kampfes um Bologna hatte er seine Gesandten nach Avignon geschickt[1] und erklären lassen, dass er an der Belagerung Bolognas nicht theilnehmen werde. Innocenz hatte auf diese Versicherung hin mit ihm sich ausgesöhnt und die auch gegen ihn begonnenen Processe unterdrückt. Im Frühjahr 1361, wo es allen Anschein hatte, als wolle Bernabò ernstlich den Frieden, und die Curie zauderte, schickte auch Galeaz seine Boten nach Avignon[2]. Energischer einzugreifen war er durch seine Kämpfe mit Montferrat[3] verhindert. Bei der Natur seines Bruders waren auch alle derartige Versuche ziemlich aussichtslos. So auch jetzt. Bernabò verwarf den Frieden und ging wieder zum Angriff über[4]. Unglaublicher Hohn war es, wenn er trotzdem Boten an die Curie sandte und Friedensbedingungen stellte, die unerhört waren. Er forderte[5] für seinen Sohn das erzbischöfliche Amt, wie überhaupt künftig der Mailänder Erzbischof nur aus dem Geschlechte der Visconti genommen werden dürfe; es solle ihm frei stehen, gegen Jedermann, die Kirche ausgenommen, Krieg zu führen, Bologna solle an die Pisaner kommen u. a. Wie sich im Einzelnen die Curie hierzu stellte, wissen wir nicht. Aber Villani wird recht haben, wenn er sagt, sie habe die Bedingungen nicht annehmen, aber auch die Verhandlungen nicht abbrechen können.

Gewiss war die Lage der Curie die traurigste. Von den ausseritalienischen Fürsten hatte sie seit dem ungarisch-böhmischen Conflict keine Unterstützung mehr zu erwarten; waren die italienischen Fürsten nicht zu bewegen, ihre neutrale Stellung aufzugeben, so stand das Schlimmste zu befürchten. Zum Glück gelang es jetzt Albornoz, diese zum Abschluss einer Liga[6] zu vermögen. Je mehr die

---

1) Villani IX 92.
2) Vergl. oben S. 24.
3) Villani X 43. 64. XI 48 etc.
4) Villani X 90. Febr. 1362.
5) Villani l. c.
6) Villani X 96.

Kirche in ihrem Kampfe isolirt blieb, je mehr — das mussten sich diese Tyrannen sagen — hatten sie schliesslich selbst zu fürchten.

So begannen denn die Verhandlungen, an denen sich die Brüder Cansignori und Paul Alboin de la Scala, Franz von Carrara, die Brüder Nicolaus, Ugo und Albert, Markgrafen von Este betheiligten[1]). Die Instructionen wurden am 14. März von Albornoz, für die Veroneser Gesandten am 7. April, für die Paduaner am 8., für die Ferrareser am 16. April ausgefertigt. Am 16. April fand der definitive Abschluss der Liga in Ferrara statt[2]).

Es wurden hier zwei nebeneinander herlaufende Verträge[3]) geschlossen, eine Defensiv- und eine Offensivallianz. In ersterer verpflichteten sich die genannten Mächte, sich und ihre Besitzungen gegenseitig zu schützen; zu diesem Zwecke sollte ein Bundesheer von 3000 Mann aufgestellt werden[4]), dessen Hälfte die Kirche, die andern 1500 Mann die drei übrigen Bundesgenossen aufzubringen hatten, also jeder 500 Mann. Diesen Vertrag theilte man Bernabò mit.

Daneben schloss man aber unmittelbar darauf auch ein Offensivbündniss. Dieses sollte jeder Zeit in Kraft treten, wenn die Gesammtheit oder die Majorität beschlossen hätte[5]), Bernabò und seine Anhänger anzugreifen. Ausgesprochener Zweck war es also nicht, aggressiv vorzugehen, aber bei der Vertheidigung konnte es sich als nothwendig herausstellen, dass die Verbündeten auch ihrerseits die Offensive ergriffen. Für diesen Fall[6]) wurden Bestimmungen über die etwa zu erobernden

---

1) Verci Marca Trivig. XIII Urk. 88. Villani l. c. Ghirardacci II 261.

2) Verci a. o. O.

3) Verci gibt die Urkunde des Offensivbündnisses, Ghirardacci die des Defensivbündnisses.

4) Verci l. c. Villani l. c.

5) Pro honore et bono — convenerunt quod prefati ligam unionem — facient et contrahent quotiescunque et quandocunque ipsis vel maiori parti placuerit ad inimicandum et offendendum etc.

6) Verci 90.

Gebiete getroffen, wonach Alles ausserhalb des kirchlichen Besitzes eroberte Land unter die drei übrigen Bundesgenossen vertheilt werden sollte. Die Curie dürfe sich dann nicht einmischen. Namentlich ausgenommen wurden die Rechte des Reichs[1]. Bei Strafe von 50,000 fl. versprachen alle Theile die Verträge ehrlich zu halten; mit ihrem gesammten Vermögen verbürgten sie sich dafür. Den Abschluss der Defensivallianz theilte man[2], wie gesagt, Bernabò mit. Aber natürlich mussten die Waffen entscheiden: mit Worten und Drohungen sich einschüchtern zu lassen, war Bernabò nicht der Mann.

Sehr bald freilich musste er die Wahrnehmung machen, dass die Lage der Dinge sich wesentlich geändert. Die Verbündeten behaupteten mit Glück[3] das Feld. Und wieder griff Bernabò zu seinem alten Mittel, er begann mit der Curie zu verhandeln. Die Bedingungen[4], die er jetzt stellte, waren gegenüber den früheren sehr herabgemindert; allein die Berichte, die Albornoz von dem Stand der Dinge in Italien geben konnte, bewirkten, dass die Anträge Bernabòs trotzdem verworfen wurden[5]. Der Krieg musste seinen Fortgang nehmen. Mit wechselndem Glück geführt, blieb die Liga doch im Ganzen im Vortheil[6]. Allein die Lage der Curie war nichts desto weniger verzweifelt. Da starb Innocenz VI.[7]

---

1) salvo tamen jure Imperii.
2) Villani X 96.
3) Villani X 99.
4) Villani X 99.
5) Villani l. c. E. Die Mittheilung vom Abschluss der Liga, wie Villani erzählt, kann es nicht gewesen sein, was den Papst gegen Bernabòs Vorschläge sich zu erklären bestimmte. Diese muss früher in Avignon gewesen sein. Aber ein Brief vom glücklichen Stand der Dinge auf Grund der geschlossenen Liga kann es gewesen sein.
6) Vergl. Villani XI 4. 9. 14.
7) 12. Sept. 1362. Vergl. Raynald a. a. 1362 II. Viliani XI 26. Raynald Ann. eccl. a. 1362 VIII. Baluzius, Vitae pap. Aven. I. 356. Theiner II. No. 367.

Selbst hinfällig und schwach[1], bald von der Pest, die Avignon verödet, bald von Soldbanden bedrängt, hatte der Papst nirgends rechten Rath und Stütze finden können. Bestand doch an seinem Hofe eine eigene Partei Bernabòs[2], die unermüdlich für diesen intriguirte und die Ehre der Kirche verrieth. Auch König Johann von Frankreich[3] hielt es mit ihm. Wie anders sah es im Lager des Feindes aus! Hier nur der eine feste Wille Bernabòs, dort Unsicherheit und Schwäche; dort eine vielköpfige Liga mit concurrirenden Interessen, hier ein schlagfertiges nach einheitlichem Plane geleitetes Heer. Es war ein Glück für die Kirche, dass jetzt ein Mann an die Spitze berufen wurde, der diesen unendlichen Schwierigkeiten gewachsen war.

IV.

Wilhelm, bisher Abt von Sanct Victor in Marseille[4], ging als Papst aus der Wahl[5] hervor. Er nannte sich Urban V.[6] Von ihm liess sich eine ganz andere Politik Bernabò gegenüber erwarten. Er hatte auf verschiedenen Gesandtschaften nach Italien Bernabò und dessen Perfidie aus eigner Anschauung kennen gelernt[7]. Gleich der Antritt seines Regiments bewies, dass hier jetzt ein anderer Wind wehe.

---

1) cum esset senio et infirmitatibus affectus. Baluzius 356. Ebenda 344.

2) Vergl. Villani IX 91, X 99. Theiner Cod. dipl. 407.

3) Seit 1360 mit den Viscontis (er gab seine Tochter dem Sohne von Galeaz) verwandt. Villani IX 103. Baluzius Vitae pap. 354.

4) Vergl. Baluzius 356. Raynald a. 1362 VIII. Er war gerade auf einer diplomatischen Reise nach Italien abwesend.

5) Vergl. Baluzius 363. Papstwahl war am 28. Octob. 1362.

6) Baluzius 363. Villani XI 26. Raynald. Theiner Cod. dipl. 403. Seine Weihe fand am 6. Nov. statt.

7) injurias etc., quae dum essemus in minoribus constituti, oculate cognovimus, Raynald a. 1363 I.

Sofort nach dem Tode von Innocenz VI., am 14. September, hatte das Cardinalscollegium an Albornoz geschrieben[1]) und ihn aufgefordert, alle seine Kraft gegen die Feinde der Kirche aufzubieten. Ebenso waren zu treuem Ausharren ermahnt worden die Bologneser[2]) wie die Verbündeten vom 16. April. Bereits am 7. November wird Albornoz in seiner Legation bestätigt[3]). An demselben 7. November erliess Urban V. auch seine Encyclica[4]) an Karl und alle übrigen Fürsten; dringend wird ihnen der Friede und Schutz der Kirche ans Herz gelegt.

Und schon am 28. November wird die Bulle gegen Bernabò erlassen[5]). Ausführlich werden darin zuerst die Massregeln, die Innocenz VI. gegen Bernabò ergriffen, aufgezählt. Obgleich seine Vergehen allgemein bekannt gewesen, so habe dennoch Innocenz erst noch einen Specialgesandten abgeschickt; als aber dessen Berichte die Bestätigung gebracht, sei Bernabò gebannt worden[6]). Zwei Jahre habe seitdem ihm die Curie Zeit gelassen zur Busse, es sei umsonst gewesen. Er werde daher abermals auf den März kommenden Jahres vorgeladen[7]), um sein Urtheil zu vernehmen.

Wohl wurden verschiedene Versuche gemacht, die Curie durch neue Verhandlungen hinzuhalten. Im November war der König von Frankreich[8]) in Avignon eingetroffen; auch er verwendete sich für Bernabò; allein Urban konnte sich

---

1) Raynald An. eccl. a. 1362 IV.
2) Theiner II 402. Raynald l. c.
3) Raynald a. 1362 VIII, wenigstens vorläufig. iniunctam tibi ab Apost. sede legationis officium prosequaris. Theiner II 403. Nach ihm ist die Datirung bei Raynald VI Idus in VII Idus zu verwandeln.
4) Raynald a. 1362 IX.
5) Raynald a. a. 1362 XII und XIII. Theiner 405. Muratori Ant. Ital. VI 174. Raynald datirt sie II Cal., die andern IV Cal. Ich entscheide mich gegen Raynald, der überhaupt hier einige Fehler hat. Villani XI 31.
6) Vergl. oben S. 43.
7) Verg. auch Baluzius 367. 400. Villani XI 31.
8) Baluzius 400. Raynald a. 1362 X Villani XI 31. 32.

nicht entschliessen, auf die vorgeschlagenen Bedingungen einzugehen. Allerdings heuchelte auch Bernabò selber wieder Friedensliebe. Am 17. December 1362 trafen Gesandte[1]) von ihm in Avignon ein, um Urban V. zu seiner Erhebung zu gratuliren. Dann sollten sie eine feierliche Gesandtschaft Bernabòs ankündigen; diese werde Aufträge mitbringen, die gewiss die Curie befriedigen würden[2]). Urban theilt dies sofort, am gleichen Tage ihrer Ankunft, seinem Legaten mit[3]), sich förmlich entschuldigend, dass er die Boten überhaupt angenommen; aber es sei seine Pflicht als Papst und oberster Hirte. Er werde prüfen, was sie berichten, ob die Wahrheit ihren Reden entspräche oder ob sie in gewohnter Weise die Curie zum Besten hielten[4]). Jedenfalls werde er seine begonnenen Processe gegen Bernabò fortsetzen und auch sie sollten auf ihrer Hut sein. Niemals aber werde er einen Vertrag annehmen, der nicht der Ehre und den Interessen der Curie wie der Verbündeten gerecht würde.

Was schliesslich die angekündigte Gesandtschaft für Anerbietungen von Seiten Bernabòs brachte, entzieht sich des Genaueren unserer Kenntniss; nur so viel ist ersichtlich, dass zwischen Avignon und Mailand lange verhandelt wurde[5]). Da aber Bernabò zwar einen Friedenstraktat anbot, jedoch die genügenden Bürgschaften nicht gab, dass es ihm mit seinen Absichten auch wirklich Ernst sei, brach schliesslich Urban die Verhandlungen ab. Denn dies bedeuteten seine Forderungen[6]), Bernabò solle alle Forts im

---

1) Theiner Cod. dipl. 405. Raynald a. 1362 XII. Villani l. c. Raynalds Datirung ist nach Theiner falsch. Dass es sich um denselben Brief handelt, ist zweifellos. Ich entscheide mich für Theiner. Ich komme unten noch einmal darauf zurück. Vergl. unten S. 55.

2) oblaturos nobis illa, de quibus nos contentari poterimus Theiner l. c.

3) Theiner 405.

4) si veritas premissis respondeat aut cum versuciis solitae deceptionis incedant.

5) quamplures Ambaxiatores illorum de Mediolano ad nostram praesentiam accesserunt Theiner 407. No. 374.

6) Theiner 407. Raynald a. 1362 XII.

Gebiete von Bologna der Kirche zurückgeben und künftighin die Cleriker in seinen Landen nicht mehr bedrücken. Schon hier begegnen wir den Bedingungen, um die es sich auch bei dem schliesslichen Frieden von 1364 handelte. Und wenn gleich Urban anzunehmen scheint[1]), Bernabò würde auf dieser Grundlage weiter mit ihm verhandeln, so waren dennoch seine Forderungen so viel als ein Bruch mit Bernabò[2]). Unmöglich konnte dieser schon jetzt Zugeständnisse, wie sie hier Urban stellt, machen.

Bernabò hatte früher bereits, wie wir sahen[3]), den Versuch gemacht, über den Kopf von Albornoz hinweg direct mit der Curie zu verhandeln. Aus der Art, wie Urban von seinen Verhandlungen mit Bernabò an Albornoz Bericht erstattet[4]), wie er sich weitläufig entschuldigt, überhaupt die Gesandten empfangen zu haben: »er würde gewiss ohne Wissen des Albornoz nichts thun, er solle keinen Argwohn schöpfen«, möchte man fast herauslesen, dass in der That Bernabò wieder derartige Bedingungen gestellt hat. Umso mehr,

---

1) et eo casu omnem tractatum ad tuam et dilectorum filiorum Colligatorum providentiam remittemus.

2) Vergl. auch Villani XI 31.

3) Vergl. oben S. 23.

4) Villani hat die fragliche Gesandtschaft Bernabòs unstreitig zu früh angesetzt, in den November, wie es ja allerdings Raynald mit Berufung auf das Archiv auch thut. Aber die Forderungen Urbans sind, wie wir nach Theiner erkennen, Ende Januar gestellt worden. Und Villani kennt sie sehr richtig. Nähmen wir nun an mit Villani und Raynald, dass die Verhandlungen Mitte November begannen, so hätte man $2\frac{1}{2}$ Monat verhandelt, und Albornoz $2\frac{1}{2}$ Monate ohne Kenntniss gelassen. Auch Folgendes kann man noch anführen. Ohne Zweifel hat Bernabò mit seiner Gesandtschaft so lange gewartet, als bis er die Papstwahl erfahren hatte; wer gewählt wurde, war für ihn sehr wichtig. Das Ergebniss der Wahl wurde am 31. Oct. bekannt gemacht, frühstens Mitte November also könnte die Nachricht in Mailand gewesen, die Gesandtschaft dann vor Anfang December kaum in Avignon angekommen sein.

Aus Brief No. 374 bei Theiner ist klar ersichtlich, dass Albornoz seit dem December 1362 keine Nachricht von Avignon erhalten hatte. Sonst wäre der Fall ja denkbar, dass ein Schreiben aus dieser Zwischenzeit verloren gegangen.

wenn man bedenkt, dass zwischen dem ersten Brief, in dem Urban von der Ankunft der Gesandten redet, und dem andern, welcher von dem Abbruch der Verhandlungen spricht, voll ein und ein halber Monat liegt. Sollte nicht in der That Bernabò die Bedingung, allein mit der Curie zu verhandeln, gestellt und deren Gewährung erhalten haben? Erst als die Unterhandlungen zu keinem Resultate geführt, erfuhr Albornoz von ihnen [1]).

Jetzt, da abermals die Hoffnungen auf einen friedlichen Vergleich gescheitert waren, ging Urban auch wieder energischer gegen Bernabò vor. Das bezeugt uns auch sein Schreiben, welches er an die deutschen Bischöfe [2]) richtete. Er könne nicht länger die Bedrückungen, sagt er darin, des Clerus und der Kirche ansehen und habe daher die Processe gegen Bernabò wieder aufgenommen und hoffe sie zu einem glücklichen Ende zu führen [3]).

Der Termin für Bernabò war auf den 1. März festgesetzt worden. Da er durch seine Sprecher hatte verbreiten lassen, er werde persönlich erscheinen und sich rechtfertigen, so fand die feierliche Sitzung erst am 3. März statt. Bernabò war aber nicht erschienen, und sein Gesandter, ohne

---

1) Am 1. Februar 1363.
2) Er erwartete von ihnen Geld. Raynald a. 1363 I.
3) Wenn Urban die Processe der Verhandlungen wegen mit Bernabò auch zeitweilig sistirt, so hatte er deshalb freilich die Hände keineswegs in den Schooss gelegt. Dass er auch im December und Januar die Kräfte seines Legaten zu stärken bemüht war, zeigen die Bestrebungen, die Herzöge von Bayern zur Stellung ihrer vertragsmässigen Hilfe zu veranlassen. Diese waren zur Stellung von 200 wohlbewaffneten Reitern zum Dienste der Kirche in Italien verpflichtet (Herz. Stephans Vertrag erst vom 25. Nov. 1362 Raynald). Auf Bitten Rudolphs von Oesterreich war für Herz. Meinhard der Termin bis zum 22. Nov. 1362 verlängert worden, ohne dass dieser seinen Verpflichtungen deshalb nachkam. Urban wollte Anfangs mit Strafen gegen ihn vorgehen, beschloss aber dann, am 23. Nov., die Frist abermals zu verlängern. Albornoz sollte das Genauere bestimmen. Um sich ihrer Hilfe so viel als möglich zu versichern, autorisirt er schliesslich Albornoz am 11. Januar 1363, dafür eine Geldsumme bestimmen zu dürfen. Vergl. Theiner 404. 406.

genügende Vollmacht, brachte nur nichtssagende Entschuldigungsgründe vor, so dass das Conclave feierlich den Bann über Bernabò aussprach [1]), ihn aller Privilegien beraubte und alle seine Anhänger vor Unterstützung warnte. Die Bulle sollte überall bekannt gemacht werden.

Am 4. März werden die Gonzaga, Este und Carrara in Kenntniss gesetzt [2]) und zur thatkräftigen Unterstützung gegen den allgemeinen Feind und Ketzer aufgefordert. Auch Albornoz wird benachrichtigt. Am 16. März wird die Bannbulle an alle Erzbischöfe und Bischöfe zur Bekanntmachung gesandt [3]).

Aber was halfen alle diese Mittel, wenn Bernabò nicht auch mit Waffengewalt niedergeworfen wurde? Da war es von grösster Bedeutung, dass es den italienischen Verbündeten gelang, Bernabò im April aufs Haupt zu schlagen [4]). Hatte nicht Gott selbst den Ketzer bestraft? Hocherfreut spricht Urban den Bundesgenossen seinen Dank aus [5]). Eigentlich müsse er über das vergossene Blut von Christen traurig sein, aber über die Niederlage des Ketzers müsse man sich freuen. Zugleich ermahnt sie Urban, nur um so energischer gegen Bernabò vorzugehen, da dessen Macht jetzt erschüttert sei [6]).

Nur zu gut wusste Urban, dass Bernabò durch alle diese Schläge noch nicht gedemüthigt war. Daher ist er mit grösstem Eifer bedacht, die Widerstandsfähigkeit seines Legaten zu verstärken, Bernabò aber immer mehr zu isoliren. Am 1. Mai ertheilt er dem Dogen von Venedig eine Verwarnung [7]); Bernabò sei gebannt, er dürfe deshalb keinen

---

1) Raynald a. 1363 II. Villani XI 41.
2) Verci XIV 42. Theiner 407.
3) Muratori Antiq. Ital. VI 174.
4) Raynald a. 1363 III. Villani XI 44. Verci XIV 44.
5) Am 27. April 1363. Theiner 408. Raynald l. c. Verci XIV 45.
6) Franz von Carrara, der überhaupt ein sehr treuer Sohn und Verbündeter der Kirche war, hatte auch ohne diese Aufforderung abermals Truppen gesandt. Der Papst drückt ihm seinen lebhaftesten Dank aus (Verci XV 46).
7) Theiner 408.

Verkehr mit ihm unterhalten; vielmehr müsse er Sorge tragen, dass ihm keine Lebens- oder Vertheidigungsmittel zugeführt würden. In derselben Weise schreibt er an den Grafen von Savoyen[1]. Aber es ist für die bedrängte Lage der Kirche bezeichnend, dass er Albornoz ermächtigt[2], mit jeder grösseren oder kleineren Gemeinde Verträge und Bündnisse abzuschliessen, die Güter und Einkünfte der Kirche zu verpfänden. So weit war man gekommen, dass man die geringfügigsten Unterstützungen suchen, sogar mit Privatpersonen[3] sich verbinden musste!

Bernabò aber begann sein altes Spiel: er stellte sich zu einem Vergleiche geneigt[4], und die Curie ging darauf ein, um so bereitwilliger, als sie die Macht Bernabos durch die Niederlagen erschüttert glaubte. Albornoz erhielt daher Vollmacht, mit Bernabò Frieden zu schliessen, ihn von allen Kirchenstrafen lossprechen zu dürfen; nur solle er mit Einwilligung der Verbündeten vorgehen.

Bald genug freilich stellte sich heraus, dass Bernabò abermals die Curie getäuscht. Urban that jetzt, was er früher nöthigenfalls bereits angekündigt hatte. Er lies gegen Bernabò überall, und namentlich in Deutschland, das Kreuz predigen[5]. Nimmermehr, schreibt er am 9. Juli, werde er die Kreuzpredigt gegen die Ungläubigen gestatten, ehe nicht Bernabò, sei es mit Gewalt, sei es freiwillig, zum Frieden mit der Curie gekommen wäre.

---

1) Archivio Stor. Ital. XIII 72.
2) Theiner 409. — Sehr charakteristisch ist Theiner 406. Durch seine bedrängte Lage war Albornoz gezwungen worden, von seiner mehrfach ertheilten Vollmacht, Kirchengüter zu versetzen, Gebrauch zu machen. Dies lockte. Jeder glaubte jetzt unter dem Titel des Vicariats oder des Schutzes Ländereien zu erhalten. Urban musste ein eigenes Schreiben erlassen, dass er fernerhin nicht gewillt sei, auf diese Weise das Gut der Kirche zu verschleudern. 29. Dec. 1362.
3) Theiner l. c.
4) Bernabò, qui ut a fide dignis nobis asseritur, vult stare etc. Theiner 409. Raynald a. 1363 III. Verci XIV 46. Das Datum bei Verci ist nach Theiner in Cal. Maii zu ändern.
5) Raynald a. 1363 IV. Theiner 407.

Die Frage eines Kreuzzuges in den Orient stand seit diesem Jahre im Vordergrund der päpstlichen Politik. Die Veranlassung war, dass der König von Cypern, durch die Ungläubigen heftig bedrängt, nach Europa gekommen war, um die europäischen Fürsten zu einem Kreuzzuge zu bestimmen[1]). Natürlich war der Papst mit Freuden darauf eingegangen, und that Alles, was in seinen Kräften stand, zur Verwirklichung dieser Idee. So ernannte er zum Anführer des Heeres den König Johann von Frankreich[2]), der sofort das Kreuz genommen hatte. Alle bedeutenderen Fürsten, namentlich auch Karl IV., wurden dringend zur Mitwirkung aufgefordert[3]). Freilich der Erfolg entsprach diesen Bemühungen nicht. Ausser dem französischen Könige zeigten die Fürsten wenig Interesse und als König Johann von Frankreich Anfang 1364 starb, war das Schicksal des Kreuzzuges so gut wie entschieden.

Bei dem hervorragenden Interesse, das die Curie naturgemäss an dem Kreuzzug haben musste, wurde für sie die Nothwendigkeit, mit Bernabò zu einer Verständigung zu gelangen, immer zwingender. Für eine solche aber war nichts entscheidender, als die Stellung Karls IV., Ungarns und Oesterreichs. Nun war Ende 1361[4]) zwischen diesen ein Conflict ernstester Natur ausgebrochen: so lange hier nicht die Gegensätze versöhnt, war der Kirche jede Hoffnung benommen, sowohl in Italien wie beim Kreuzzug Unterstützung zu finden. Urban that daher auch sofort nach seiner Thronbesteigung die nöthigen Schritte, um eine Versöhnung herbeizuführen[5]). Die Verhältnisse selbst hatten sich inzwischen hier so gestaltet, dass die päpstlichen Bemühungen den besten Erfolg versprachen.

Anfang 1362 hatten beide Parteien ihre Stellung zu

---

1) Raynald a. 1362 XIV. Villani XI 34.
2) Raynald a. 1363 XIV. XV. 31. März 1363.
3) Raynald a. 1363 XX ff. An Karl schreibt Urban am 25. Mai.
4) Vergl. oben S. 47 ff.
5) Januar 1363 wird Peter von Volterra nach Deutschland gesandt. Raynald a. 1363 XI.

sichern gesucht¹): Rudolph hatte sich mit den Bischöfen von Salzburg und Passau verbündet, Karl IV. auf dem Reichstage zu Nürnberg im März die Vorladung Rudolphs durchgesetzt²). Ungarn und Oesterreich waren voll der stolzesten Hoffnungen, man verständigte sich bereits im Voraus über die Vertheilung der zu erobernden Gebiete³). Den Ausbruch der Feindseligkeiten hinderte nur die Wiedereröffnung des Krieges zwischen dem Patriarchen von Aquileja und Oesterreich⁴). Wohl gelang es der Energie Ludwigs von Ungarn mit Hilfe Franzens von Carrara einen Waffenstillstand⁵) zu erwirken, allein im Augenblick war durch diesen Zwischenfall die Thätigkeit der Verbündeten doch gehindert gewesen. Im Juni zwar sammelte sich das Heer Ludwigs⁶) bei Trentschin, Casimir von Polen, Rudolph von Oesterreich standen an der Spitze ihrer Truppen, auch Karl war gerüstet. Da begann Bolko von Schweidnitz Friedensverhandlungen. König Ludwig ging auch bereitwilligst auf sie ein; er entliess sogar sein Heer. Wenn gleich schliesslich die Unterhandlungen zu keinem Resultat führten, zu einer bedeutenderen Waffenthat kam es nicht mehr. Der Gegensatz freilich blieb in seiner ganzen Schärfe bestehen, wurde sogar noch verschärft, indem der Herzog Stephan von Bayern-Landshut dem Bündnisse gegen Karl beitrat⁷). Kurze Zeit jedoch darauf hatten sich die Verhältnisse gänzlich verschoben.

Dies bewirkten die Tyroler Angelegenheiten.

Herzog Meinhard von Tyrol war nach einer kurzen selbständigen Regierung durch Herzog Stephan von Bayern am 16. Juni 1362 nach München geführt und dort festge-

---

1) Huber Herz. Rudolph 78.
2) Huber l. c. 79. 80. Huber reg. Reichssachen 370. 371. Hontheim Hist. Trevir. II 223.
3) Huber Herz. Rud. 81. Huber reg. Reichssachen 367.
4) Im März 1362. Huber 81. 82.
5) Dieser sollte bis zum 15. August dauern. 21. Apr. 1362 der Wiener Friede zwischen Oesterreich und Aquileja abgeschlossen, im Mai durch Ludwig von Ungarn bestätigt.
6) Huber Herz. Rud. 85.
7) Huber l. c. Huber reg. Reichssachen 378.

halten worden[1]). Im September finden wir auch Herzog Rudolph von Oesterreich dort. Wenige Wochen später gelang es Meinhard zwar zu entfliehen und nach Tyrol zu gelangen; aber schon am 13. Januar 1363 starb er. Rudolph, der naturgemäss auf Tyrol stets sein besonderes Augenmerk gerichtet, muss frühzeitig von dem bedenklichen Zustand Meinhards Kenntniss erhalten haben. Schon am 20. Januar 1363 traf er mit Margarethe Maultasch in Bozen zusammen[2]). Am 26. Januar sprach diese ihm Tyrol zu, nur sollte sie bis zu ihrem Tode im Namen der Herzöge von Oesterreich im Besitze des Landes bleiben. Ende Februar verliess Rudolph Tyrol und war in der zweiten Hälfte des März wieder in Wien. Gewonnen hatte er jetzt Tyrol; es galt nun, es auch zu vertheidigen, namentlich Bayern gegenüber zu behaupten.

Oberbayern[3]) fiel nach Meinhards Tode auf frühere Verträge hin an die Wittelsbacher Otto und Ludwig, Markgrafen von Brandenburg. Ohne Rücksicht darauf nahm aber Bayern-Landshut das Land in Besitz. Die Markgrafen, dadurch empört, vermachten am 18. März 1363 die Mark Brandenburg dem ältesten Sohne Karls[4]). So waren die Wittelsbacher gespalten und bei dem Kampfe um Tyrol Herzog Stephan auf sich selbst angewiesen. Andererseits durfte der Kaiser, wegen Tyrols eigentlich ein Gegner Rudolphs von Oesterreich, Brandenburgs halber nicht für Herzog Stephan eintreten. Unmöglich endlich konnte Rudolph daran denken, gegen Karl Krieg zu führen, wo es galt mit allen Kräften Tyrol gegen Bayern zu behaupten.

Man sieht, für eine Vermittlung war der Boden vorzüglich geebnet.

Es war der Bischof Peter von Volterra[5]), dem Urban

---

1) Huber 86 ff.
2) Huber Herz. Rud. 93 ff.
3) Huber 95.
4) Huber reg. Reichssachen 387. Vergl. auch die folgenden Urkunden.
5) Peter von Volterra bei Rudolph Mai 25 1363, bei Karl Juli 25—31 urk. nachzuweisen.

diese ehrenvolle Mission übertrug. Am 24. Januar 1363 ertheilte er ihm den Auftrag[1]), den Funken, der leicht sonst zu einer verzehrenden Flamme werden könnte, auszulöschen[2]). An demselben Tage wurden Karl und sein Bruder, der König von Ungarn und Herzog Rudolph zum Frieden ermahnt[3]), zu gleicher Zeit die Hauptfürsten Deutschlands aufgefordert, das Friedenswerk nach Kräften zu fördern. Bei der allgemeinen Gunst der Lage waren ihre Bemühungen auch vom besten Erfolge gekrönt. Anfang Mai schlossen Karl und Rudolph von Oesterreich einen Waffenstillstand[4]). Desgleichen verlor der Gegensatz zu Ungarn sehr an Schärfe, denn Karl IV., seit dem 11. Juli 1362 Wittwer, hatte um die Hand der Elisabeth von Pommern, Enkelin König Kasimirs von Polen, angehalten und sie zugesprochen bekommen[5]). Damit war aber auch Polen auf die Seite des Kaisers herübergezogen.

So übernahmen jetzt Kasimir von Polen und Bolko von Schweidnitz die Vermittlung. Am 12. December befahlen sie, dass beide Parteien gute Freunde sein sollten[6]). Unter Mitwirkung des päpstlichen Legaten Peter von Florenz[7]) wurde dann im Februar 1364 ein allgemeiner Fürstencongress

---

1) Raynald Ann. eccl. a. 1363 XI.
2) ne scintilla non extincta in flammam transeat destructivam.
3) Raynald l. c.
4) Am 9. Mai 1361 zeigt Karl es den Städten Friauls an. Huber reg. 3953.
5) Huber Herz. Rud. 104. Huber reg. Mai 1363. Knoll Beiträge, Anm. 3. Ich wage nicht, mich für die Zeit der Hochzeit bestimmt zu entscheiden; ob aber, falls sie im Mai stattfand, Ludwig von Ungarn anwesend sein konnte, ist doch sehr zweifelhaft. Dann müsste doch eine Versöhnung mit Karl bereits stattgefunden haben. Aber erst im December 1363 werden energische Maassregeln ergriffen, die Gegner zu versöhnen. Jedenfalls war aber der König von Ungarn nicht zugleich mit dem König von Cypern anwesend, denn aus dem Briefe Urbans an Ludwig vom 5. December geht deutlich (Raynald) hervor, dass der König von Cypern noch nicht mit Ludwig zusammengetroffen. Weiter ist es auch merkwürdig, dass der König von Cypern in keiner Urkunde als Zeuge sich findet, wenn er wirklich zugegen war.
6) Huber reg. R. 395.
7) Von Jan. 5 bis März 6 bei Karl urkundlich nachzuweisen. Huber reg.

in Brünn veranstaltet, wo am 10. Februar officiell der Friede unterzeichnet wurde [1]).

In den eben geschilderten Verhältnissen, in Karls diplomatischen Beziehungen zu Ungarn und Oesterreich liegt, wie wir dies schon öfters hervorgehoben haben, der Schlüssel zu dem Verhalten des Kaisers dem Bologneser Kampf gegenüber. Durch den Conflict mit Ungarn und Oesterreich war Karl IV. für die Kirche irgendwie thätig zu sein vollständig gelähmt gewesen. Er selbst hat dies offen der Curie erklärt. Da im Frühjahr 1363 sich nun die politischen Constellationen besser gestalteten, konnte er auch wieder daran denken, auf die Bitten und Wünsche der Curie einzugehen [2]).

Der Bannfluch gegen Bernabò war natürlich auch dem Kaiser mitgetheilt worden [3]), mit der dringenden Aufforderung, auch seinerseits gegen Bernabò vorzugehen.

Die Folge war ein kaiserliches Rundschreiben [4]. Im Anfang erzählt Karl nochmals, was seiner Zeit ausführlich das Decret von 1361 berichtet hatte, dass Bernabò wegen Beleidigung der kaiserlichen Majestät des Vicariats beraubt

---
1) Huber Herz. Rud. 106. Huber reg. 4010.
2) Vergl. Raynald a. 1364 XI. quae imperialis magnificentia nobis obtulit, si discordiae, quas habebat cum eisdem rege et duce et quibus durantibus nequibat eidem ecclesiae in potenti subvenire brachio, sedarentur.
3) Vergl. Mader Gervas. Tilber. 106.
4) Mader App. 105. Schannat Vind. lit. II 138.

Unzweifelhaft gehört dieses Schriftstück hierher; die Situation fordert es. Auch die Zeit lässt sich mit grösster Wahrscheinlichkeit angeben, da das Schreiben an die Nürnberger (Huber reg. 3963) sicher gleichen Inhalt hat. Vergleiche die weiteren Gründe, die Knoll (Beiträge 28 Anm. 2) anzugeben in der Lage war. Das freilich kann ich nicht erkennen, wie Muratoris fulminò un decreto di privazione del vicariato di Milano einen »unzweifelhaften Anklang an unser Diplom« hat. Man übersehe endlich nicht, dass der charakteristische Ausdruck Urbans in der Bannbulle vom März tantumque clavium praedictarum contemptum (Raynald a. 1363 II) sich in Karls Rundschreiben wiederfindet (in contemtum clavium ecclesiae Mader 106).

Schliesslich geht der gleiche Befehl (an der Uebereinstimmung kann man nach Hubers Auszug gar nicht zweifeln) an den Grafen Amadeus von Savoyen. Vergl. Huber reg. Nachträge 6244.

worden sei. Wie jetzt der Papst ihm mittheile, schreibt Karl IV. weiter, bereue Bernabò keineswegs, immer schlimmer sogar verletze er die Schlüsselgewalt. Ueber ihn und seine Anhänger sei daher der Bann ausgesprochen worden, und demgemäss verbiete er, der Kaiser, bei Strafe des Verlustes aller Rechte, dass Jemand diesem Bernabò Hilfe bringe oder solches geschehen lasse; vielmehr sei Jeder gehalten innerhalb vierzehn Tagen den Dienst Bernabòs zu verlassen. Speciell den Nürnbergern [1]) geht am 25. Juni ein kaiserlicher Befehl zu, alle Unterstüzung Bernabòs zu vermeiden und zu verhindern Da die politischen Beziehungen Karls sich inzwischen immer besser gestalteten, erging an die italienischen Reichsvicare am 20. Juli die Aufforderung, die Kirche gegen Bernabò mit Truppen zu unterstützen [2]). Allzu bedeutend freilich waren diese Hilfeleistungen immerhin nicht, und es wird uns nicht wundern, dass der Papst nicht sehr erfreut war. Erst im Februar 1364 dankt [3]) er dem Kaiser dafür, in ziemlich kühlen Worten, und lässt recht deutlich durchblicken, dass er mehr erwartet hätte. Wie anders ist der Ton des päpstlichen Briefes an Ludwig von Ungarn [4]), der sich allerdings auch erboten hatte, persönlich ein Heer nach Italien zu führen! Später, als die Vermittlungen mit Ungarn ein sicheres Resultat versprachen, hat sich übrigens Karl anheischig gemacht, auf eigene Kosten ein Fähnlein nach Italien zu senden [5]).

---

1) Huber reg. 3963.
2) Huber reg. 3968.· Raynald a. 1364 I. Theiner Cod. dipl. II 411. Bote war sein Heimlicher Johannes de Themaria. Damals war Peter von Volterra gerade beim Kaiser. Vergl. Huber reg. 3969.
3) Raynald a. 1364 I. Theiner 411. Der Brief bei Theiner, obgleich in derselben Zeit geschrieben, wie jener bei Raynald, spricht blos von dem kaiserl. Befehl an die Vicare in Italien.
4) Raynald a. 1364 II.
5) Raynald a. 1364 I. Die Zeit, Januar 1364, folgere ich daraus, dass Urban das Anerbieten Karls zugleich mit den Präliminarien des Friedens mit Ungarn durch Peter von Florenz erfuhr; wenigstens lässt Urban dem Kaiser in demselben Schreiben für seine Versöhnlichkeit und für besagtes Versprechen danken. Vergl. Raynald l. c. X.

In der Zeit, wo die Curie von diesem Anerbieten des Kaisers erfuhr, bedurfte man seiner nicht mehr; denn endlich hatten die Verhandlungen mit Bernabò einen Erfolg gehabt. Anfänglich hatte auch jetzt wieder Bernabò die Curie getäuscht. Noch am 7. August 1363 schreibt Urban an den französischen König[1], der durch eigene Gesandte bei Bernabò für einen Vergleich thätig gewesen war, dass keine Aenderung Bernabòs zu bemerken sei. Schliesslich bequemte sich Bernabò aber doch, ernstlich über den Frieden zu unterhandeln.

Die italienischen Verhältnisse werden es gewiss nicht in erster Linie gewesen sein, die ihn zu einer Aenderung seiner Politik bewogen. Vielmehr hatte sich hier Manches eher zu seinen Gunsten gestaltet. Die Liga war durch die flaue Haltung der Scalas[2] wesentlich geschwächt. Ausserdem hatte sie durch den Conflict Venedigs mit Franz von Carrara[3], der erst im Juli beigelegt wurde[4], die Hilfe dieses eifrigsten Verbündeten verloren.

Der Grund zur Schwenkung Bernabòs liegt in den deutsch-ungarischen Verhältnissen. Die Erneuerung der Acht durch Karl IV. im Juni wird nicht allzu grossen Eindruck gemacht haben. Sehr viel bedenklicher war schon, dass Karl seinen Vicaren den Befehl hatte zukommen lassen, ihn zu bekämpfen; entscheidend aber musste die immer deutlicher sich vollziehende Annäherung des Kaisers an Ungarn und Oesterreich sein. In der That musste jetzt Bernabò einlenken, wollte er nicht die Waffen ganz Europas gegen sich kehren.

Nach den Verweisungen Raynalds dasselbe Schreiben. Die Präliminarien müssen derartig gewesen sein, dass Urban auf den sichern Frieden zuversichtlich rechnete. Wenigstens ruft er daraufhin seinen Legaten ab. Peter von Florenz ist von Jan. 5 bis März 6 beim Kaiser. Am 23. Mai ist er nuper aus Deutschland zurückgekehrt.

1) Raynald a. 1363 IV. V.
2) Abmahnungsschreiben Urbans vom 25. Mai. Verci Marca Triv. XIV 47.
3) Vergl. Verci XIV 48 ff.
4) Verci XIV Docum. 10.

Von allen Seiten bestürmte man ihn, Frieden mit der Curie zu schliessen. Der König von Frankreich[1], welcher schon die ganzen Jahre unausgesetzt hierfür thätig gewesen, wirkte auch im Sommer 1363 in hervorragendem Masse für die Aussöhnung. Mit ihm verbanden Kaiser Karl IV.[2], so wie Ludwig von Ungarn und Rudolph von Oesterreich[3] ihre Anstrengungen. Ganz besonders aber machte sich der König von Cypern, der des Kreuzzuges wegen das grösste Interesse an der Beilegung des Kampfes haben musste, um den Frieden verdient[4]. Vornehmlich seinen Gesandten[5], im Sommer 1363 mit neuen Aufträgen nach Italien geschickt, war es zu danken, dass man sich im August über einen provisorischen Friedenstraktat verständigte[6]. Ein Waffenstillstand wurde verkündigt. Unterdessen sollten die verschiedenen Parteien ihre Boten nach Avignon schicken, um dort über die definitive Regelung aller Fragen zu verhandeln. Nach reiflicher Ueberlegung erklärte sich Urban mit den stipulirten Bedingungen unter einigen Aenderungen einverstanden[7]. Bei der grossen Bedrängniss, in die Bologna und die übrigen Städte des Kirchenstaats durch den langjährigen Krieg gekommen, habe er, da die Unterstützungen des Kaisers und der übrigen Fürsten ohne die grösste Gefahr nicht länger hätten erwartet werden können, seine Zustimmung gegeben[8].

[1] Vergl. Raynald.
[2] Vergl. Theiner Cod. II. 412. Raynald a. 1364 IV. Mader App. 101. Das datumlose Schreiben Karls bei Mader gehört sicher hierher. Es lässt uns einen Einblick thun in Karls Bemühungen bei Bernabò, von denen das Friedensinstrument redet. Knoll 29. Anm. 2.
[3] Theiner l. c.
[4] Raynald a. 1363 IV. VI. Chronica di Bologna 469.
[5] Vergl. Theiner II 412. Als Zeugen auch in der Urkunde bei Verci XIV. Docum. 18.
[6] Chron. di Bologna 470. Verci XIV 57. Muratori Ant. Est. II. 139. Chron. Est. Muratori XV 486.
[7] Theiner 411 No. 386.
[8] Welcher Art diese Modificationen des Papstes waren, kann ich nicht entscheiden. Vermuthlich bezogen sie sich auf die Abfindungssumme, ihre Höhe und die Bedingungen der Abzahlung.

Wie sehr die Curie des Friedens bedurfte, kann man namentlich aus der Thatsache ersehen, dass der Papst, als Bernabò auch jetzt wieder verlangt hatte[1]), Albornoz müsse fallen, auf dieses Verlangen eingegangen war. Der Mann, dem allein die Behauptung Bolognas zu verdanken war, wurde schnöde bei Seite geschoben und an seiner Statt Androinus, Cardinalpriester tit. sti. Marcelli, zum Legaten ernannt[2]). Am 4. December wurden diesem die Vollmachten[3]) ausgestellt, und ihm die Befugniss ertheilt, Bernabò von allen Strafen loszusprechen[4]).

Nach längerem Verhandeln kam man in Avignon[5]) über folgende Friedensbedingungen überein: Bernabò gibt alle Forts, die er im Gebiete von Bologna und Modena besetzt hält, heraus. Die Curie bezahlt ihm dafür 500,000 fl., und zwar nach Uebergabe besagter Forts innerhalb eines Monats 31,250 fl., die bereits deponirt sind. Den Rest zahlt die Kirche innerhalb 8 Jahren ab, jährlich 62,500 fl. Lässt die Curie einen Termin verfallen, so muss sie alle Forts an Bernabò zurückgeben; nur solle dann erst noch ein Monat Waffenruhe sein[6]).

Da Bernabò nach Proklamirung des Waffenstillstandes seine die Estes bedrohenden Forts im Modenesischen verproviantirt[7]), so hatten die Markgrafen von Este bei den Verhandlungen Schwierigkeiten gemacht. Demgemäss wurde denn festgesetzt[8]), dass, wenn die Markgrafen den Friedensvertrag annähmen, die besagten Forts im Gebiete von Modena durch Bernabò an Androinus abzutreten und innerhalb zwei Jahren zu zerstören seien; schlössen sie sich jedoch aus, so solle

---

1) Raynald a. 1363 VI. ut Bernaboni, qui ab Aegidio vehementer abhorrebat, id daret.
2) Raynald a. a. 1363 VI. Theiner 412.
3) Theiner II 412. Raynald a. 1363 VI.
4) Raynald l. c. Verci XIV 59. Natürlich werden die Verbündeten davon benachrichtigt.
5) Vergl. Excurs V.
6) Theiner II 412. 413.
7) Vergl. Verci XIV 57. Ghirardacci II 274.
8) Theiner l. c.

Bernabò die Forts zurückerhalten. Endlich wurde bestimmt, dass über alle sonstigen Punkte und Wünsche der beiderseitigen Parteien, über die Gefangenen, die Anhänger u. s. w. Androinus in Italien mit den betreffenden Staaten verhandeln solle, wobei alle befriedigt werden würden. Folge diesen Unterhandlungen aber der Friede nicht, so solle Alles beim Alten bleiben, Bernabò wieder in den Besitz der Forts gesetzt, aber auch allen Strafen, die über ihn verhängt, nach wie vor unterworfen sein[1]). Bei Strafe von 200,000 fl. versprachen beide Theile die Bestimmungen zu beobachten und verbürgten sich mit ihrem gesammten Vermögen.

Androinus reiste daraufhin, nachdem ihm der Papst in jeder möglichen Weise den Weg geebnet[2]), nach Italien. Es folgten die Verhandlungen mit Bernabò in Mailand[3]); mit den Markgrafen von Este, Franz von Carrara, Ludwig und Feltrinus von Gonzaga in Ferrara; endlich in Bologna mit den Bevollmächtigten[4]) von Cansignore und Paul Alboin de la Scala.

Am 3. März 1364 konnte auf Grund der in Avignon festgestellten Bedingungen der Friede unterzeichnet werden[5]).

Ueber die dort noch offen gelassenen Fragen waren jetzt definitive Bestimmungen getroffen worden[6]). So sind die Markgrafen von Este dem Frieden beigetreten; alle Beleidigungen, Beschädigungen, Confiscationen, Processe u. s. w. sollen vergessen sein und rückgängig gemacht werden; alle,

---

1) Theiner II 213.

2) Er wird mit weiteren Privilegien ausgestattet; die Verbündeten wie die Bologneser werden aufgefordert, ihm zu gehorchen; Aegidius erhält den Befehl, ihm die Gefangenen auszuliefern. Raynald a. 1363 VI.

3) Theiner II 414. Wie wenig Vertrauen aber auch jetzt noch die Curie hatte, zeigt Theiner II 411, wo Innocenz sagt, dass der Vertrag preter nostram et nonnullorum prudentium credulitatem zu Stande gekommen sei.

4) Die Brüder de la Scala erschienen nicht persönlich. Vergl. oben S. 65.

5) Vergl. Excurs V.

6) Verci XIV Docum. 15 ff. Raynald a. 1364 IV. Vergl. Sickel Vicariat d. Visconti 34.

die sich während des Kriegs vergangen oder rebellirt haben, sollen in ihre Rechte eingesetzt werden und in ihre Heimath ungestört zurückkehren dürfen. Endlich verspricht man, sich gegenseitig im Besitze zu schützen [1]. Das eigentliche Friedenswerk war damit zum Abschluss gebracht. Erfüllten alle die beschworenen Bestimmungen, so war Ruhe und gegenseitiges Vertrauen in der Lombardei wieder hergestellt. Aber es lässt sich denken, dass bei der Ausführung der Vertragsstipulationen immer neue Fragen auftauchten, die erst noch geregelt sein wollten. Ein bedeutender Schritt weiter zur dauernden Beruhigung Italiens war es, wenn Bernabò am 13. März förmlich auf Bologna verzichtete und alle betreffenden Vicariatspapiere auszuliefern versprach [2]. Bedingung war allerdings, dass erst die 500,000 fl. abgezahlt sein müssten. Allein, dass die Curie ihren Verpflichtungen nachkommen würde, war zunächst jedenfalls anzunehmen. Um alle entstehenden Schwierigkeiten zu beseitigen, hatte man allerseits auf Androinus compromittirt. Nun hatte man bestimmt, dass alle während dieses Krieges wegen ihrer Parteistellung Verfolgten restituirt werden sollten. Aber von welchem Zeitpunkt an war diese allgemeine Amnestie zu rechnen? Deshalb wurde jetzt der September 1359 als Termin festgesetzt; alle seit dieser Zeit politisch Verfolgten sollten in ihre Rechte eingesetzt werden [3]. Auch über Mantua und Reggio war es zwischen den Veroneser Abgesandten, Bernabò und den Gonzagas zu Auseinandersetzungen gekommen; dem Geschick des Legaten gelang es jedoch, auch diese Frage gütlich zu schlichten [4]. Was ferner die Herren de la Scala im Gebiete von Brixen und des Gardasees Bernabò entrissen, mussten sie zurückgeben.

Noch einen andern grossen diplomatischen Erfolg hatte Androinus zu verzeichnen. Es gelang ihm, von Bernabò eine feierliche Versprechung durchzusetzen, künftighin von

---

[1] Raynald a. 1364 IV.
[2] Theiner II 415. Vergl. Excurs V.
[3] Raynald a. 1364 IV.
[4] Ebenda.

der Bedrückung des Clerus abzulassen und ihn in seinen Rechten zu schützen[1]). Dafür versprach die Curie ihren Einfluss zu Gunsten Bernabòs bei Karl aufzubieten, dass Bernabò wieder in alle Rechte und Titel des Vicariats eingesetzt würde[2]).

Man sieht, es war nicht ein Friedensschluss, sondern mehrere[3]), wie es ja auch in den Verhältnissen begründet lag[4]). Wenn alle betheiligten Personen ernstlich darauf bedacht waren, die festgesetzten Bedingungen getreulich zu erfüllen, so war für längere Zeit ein dauerhafter Friede geschaffen. Er sollte ein ewiger sein[5]). Aber stand es in der That zu erwarten, dass Bernabò für immer auf Bologna verzichtet hatte? Konnte er in Zukunft von der Bedrückung des Clerus, worauf er wesentlich mit seine Macht stützte, lassen? Durfte man hoffen, dass alle die Interessen und Leidenschaften, die in diesem Kriege hervorgetreten waren, befriedigt waren? Ein Glück verheissendes Symptom war es gewiss nicht, dass die Brüder de la Scala sich von ihren bisherigen Bundesgenossen trennten und auf die Seite Bernabòs traten.

Der Friede war das Ergebniss einer eigenthümlichen Constellation der politischen Verhältnisse gewesen; bei der ehrgeizigen Politik Bernabòs lag die Gefahr nahe, dass er bei günstiger Gelegenheit seine alten Ansprüche hervorholte und durchzusetzen suchte.

Nur zu bald trat dieser Fall ein. Abermals kam es zwischen Bernabò und der Curie zum Conflict, in den auch Karl IV. wieder verwickelt wurde. Die Fragen und Interessen aber, um die der Kampf geführt wurde, haben vorzugsweise in den Ereignissen der eben geschilderten Jahre ihre Erklärung.

---

1) Raynald a. 1364 V.
2) Raynald l. c.
3) Vergl. Excurs V.
4) Noch im August 1364 hatte Androinus zweifelhafte Fälle zu entscheiden. Vergl. Theiner II 416.
5) pacem, auctore domino, perpetuo duraturam. Theiner 412.

Excurse.

Excurs I.

Ueber das Vicariat von Pisa und die recuperatio regni Arelatensis.

Mader veröffentlicht im Append. zum Gervas. Tilber. p. 98. eine forma recognitionis, in qua Mediolanensis se obligat et obligatum recognoscit. Ein Datum fehlt. Sickel Das Vicariat der Visconti macht Seite 25 Anmerk. 2 den Versuch, das Schriftstück chronologisch einzureihen. Er geht dabei von dem Vicariat über Pisa, welches in fraglichem Stücke erwähnt wird, aus. Im Jahre 1355 habe Karl in Pisa den Bischof Markwart als Reichspfleger zurückgelassen. Als dieser 1356 am Kriege gegen die Visconti Theil genommen, sei ihm sein Neffe Walther als Reichspfleger gefolgt, der bis 1363 wiederholt als solcher genannt werde. Es sei nun undenkbar, dass Karl während jener Zeit Markwart oder Walther habe verdrängen wollen. Auch sei von 1363 (richtig ist 1361, vergl. oben) bis 1369 Bernabò in Reichsacht gewesen, also könne ein derartiger Plan nicht bestanden haben. Auch später sei das Verhältniss Karls IV. zu Bernabò nur selten und kurze Zeit ein gutes gewesen. Folglich wäre der Plan nur 1355 vor der Ernennung Markwarts denkbar. Diesen Schluss sucht er dadurch zu stützen, dass er für eben dieses Jahr Schritte Karls anführt, die allenfalls als eine recuperatio regni Arelatensis, wovon das Madersche Schriftstück noch redet, gefasst werden könnten. Der Dauphin von Frankreich habe mit seiner Macht die Bischöfe von Arelat bedroht, namentlich den von Vienne, welchen unmittelbar nach der Kaiserkrönung Karl IV. auf sein Hifegesuch in seinen Schutz genommen und ihm die Privilegien bestätigt habe.

Eine recuperatio regni Arelatensis wird man nun gewiss in dieser Bestätigung der Privilegien noch nicht suchen und finden können. Aber selbst wenn man dies so auffassen wollte, so wäre uns doch Sickel noch immer die Antwort schuldig geblieben, wie die beiden Fragen, die Verleihung von Pisa und die Wiedergewinnung von Arelat, mit einander verknüpft wurden und dadurch Bernabò zu letzterem Zwecke seine Hilfe zusagte. Uebrigens irrt Sickel auch, wenn er sagt, einer recuperatio regni Arelatensis geschehe sonst nirgends Erwähnung.

Aus dem Schriftstück selbst geht hervor, dass Karl dem Bernabò Aussicht auf das Vicariat von Pisa und Lucca (wie ohne Zweifel die Lücke ergänzt werden muss) gemacht hat. Es hatten darüber weitere Verhandlungen stattgefunden. Das Resultat war, dass Bernabò versprach für das Vicariat von Pisa und Lucca jährlich, und zwar zu Weihnachten, 50,000 Gulden an den Kaiser zu zahlen, oder aber ihm zur Wiedergewinnung von Arelat auf ein halbes Jahr 1000 wohl bewaffneter Leute auf eigne Kosten, eventuell auf ein ganzes Jahr 500 Mann zu stellen. Dem Kaiser solle es frei stehen in jedem Jahre die eine oder die andere Leistung zu wählen. Sagremors, von Bernabò mit vollkommener Gewalt ausgestattet, sollte unter diesen Bedingungen den Vertrag abschliessen.

Wann hat nun Karl IV. einen derartigen Plan mit Arelat gehabt? Und waren damals seine Beziehungen zu Bernabò derartig, dass ihm das Vicariat von Pisa in Aussicht gestellt werden konnte?

Die Unterhandlungen von Seiten Bernabòs führte Sagremors de Pomeriis. Es ist derselbe, der die Vicariatsurkunde vom 26. Juni 1360 für Bernabò erwirkte. Am 7. Juni können wir ihn auch urkundlich am Hofe Karls IV. nachweisen. Gerade aber in jener Zeit macht Karl IV. seine kaiserlichen Rechte in Arelat mit grosser Entschiedenheit geltend. Dies bezeugen die Urkunden Huber reg. 3149 bis 3157. Darin bestätigt der Kaiser einem Kloster der Lyoner Diöcese seine Privilegien; fordert die Herzöge von Burgund und Savoyen auf, es gegen ungerechte Angriffe zu schützen; befiehlt eben denselben, alle ihre Unterthanen anzuhalten, dass sie ihre vom Kloster abhängenden Lehen von diesem in Empfang nehmen; sorgt, dass unrechtmässig veräusserte Güter dieses Klosters ihm zurückgestellt werden etc.: mit einem Worte, Karl IV. wahrte in jenen Tagen mit aller Energie die Rechte des Reiches. Das Hilfgesuch genannten Klosters nun, und die dabei sich zeigenden Wahrnehmungen, wie sehr bereits die Zusammengehörigkeit zum Reich und der Einfluss des Kaisers in jenen Gegenden in den Hintergrund gedrängt, mussten beim Kaiser den Gedanken rege machen, diesen Entfremdungsprocess zu stören und aufzuhalten. Der Plan einer recuperatio regni Arelatensis zwang sich geradezu auf.

Was war aber da natürlicher, als dass man Bernabò, dessen Gesandter eben anwesend, um die Verleihung des Vicariats für Bergamo, Brescia etc. zu erwirken, auf dessen Dankbarkeit und Bereitwilligkeit man zählen konnte, für diesen Fall zur Hilfeleistung heranzog? Waren also die Beziehungen Karls IV. zu Bernabò die besten; so muss man trotzdem aber erst noch fragen, ob das Vicariat von Pisa ihm damals in Aussicht gestellt worden sein kann. Ich sehe nichts, was dem entgegen stehen sollte. Der in Pisa eingesetzte Vicar Markwart hatte sich 1356 am Kriege gegen die Visconti betheiligt, war besiegt und gefangen worden; dann aber per l'amore dello' mperadore (Chron. di Pisa, Muratori XV 1033) freigelassen worden. Damals Pisa zu erlangen, konnte Bernabò nicht hoffen, da es ja der Kaiser gewesen war, der dem Markwart die Betheiligung am Kampfe gegen die Visconti erlaubt hatte. Jetzt, 1360, wo die Visconti so sehr in Gunst bei dem Kaiser standen (vergl. oben S. 10 ff.), konnte Bernabò wohl den Versuch wagen, auch Pisa zu erhalten. Die Verhandlungen über das Vicariat von Brescia, Parma etc. legten eine derartige Intention sehr nahe. Greifbare Gestalt erhielt diese Idee dann, als Karl seine Pläne auf Arelat gefasst hatte. Konnte Bernabò verpflichtet werden, zur Wiedergewinnung von Arelat in entsprechender Weise beizutragen, so durfte ihm wohl das Vicariat von Pisa versprochen werden. So kam eine Verknüpfung der beiden Fragen zu Stande, wie sie uns das Madersche Schriftstück zeigt.

Nachdem Karl seine Feinde im Reiche niedergeworfen hatte und er daran denken konnte in Italien, wie es der Papst wünschte, einzugreifen, schickte er (vergl. oben S. 14 ff.), seine Gesandten nach Avignon. Nach Heinrich de Diessenhoven hätten sie regnum Aralatense vom Papst gefordert. Ist damit nicht der Plan Karls einer recuperatio regni Aralatensis ausgesprochen? Ehe Karl thatsächlich an eine Wiedergewinnung von Arelat ging, mochte es ihm gerathen scheinen, sich zuvor auch der Zustimmung des Papstes, von dessen Stellung naturgemäss sehr viel abhing, zu versichern. So lange der Papst nicht seine Einwilligung gegeben, musste dem Kaiser aber auch die Verleihung des Vicariats von Pisa an Bernabò nicht thunlich erscheinen. Daher wartete er noch mit der Erfüllung seiner Zusage an Bernabò.

Daraus erklärt sich auch eine andere auffällige Bestimmung besagter Urkunde. Wie Sickel Vicar. d. Visconti im zweiten Theile nachweist, waren die früher üblichen jährlichen Zahlungen der Vicare an das Reich unter Karl IV. capitalisirt worden. Hier aber hat Karl wieder den alten Brauch eingeführt. Bernabò verpflichtet sich zu einer jährlichen Abgabe von 50,000 fl. Aus den Umständen, unter denen der Vertrag zu Stande kam, begreift sich diese Aenderung. Bei der Wiedererwerbung von Arelat, die möglicher Weise erst nach Jahren ins Werk gesetzt werden konnte, musste dem Kaiser die Unterstützung Bernabòs mit Truppen erwünschter sein als jene Geldsumme. Bei der einmaligen Abzahlung der ganzen Abfindungssumme hätte aber von einem solchen Tausche nicht mehr die Rede sein können. Daher bestimmt denn Karl IV., dass er in jedem Jahre — und jedes Jahr konnten die Pläne auf Arelat zur Ausführung kommen — wählen könne zwischen der Summe von 50,000 fl. oder der Stellung von Hülfstruppen.

Wie der Vertrag schliesslich gar nicht zur Ausführung kam, haben wir oben gesehen.

Excurs II.

Görlitzer Formelbuch, Neues Lausitzer Magazin 181.

Im Görlitzer Formelbuch findet sich ein datumloses Schreiben Karls an Bernabò über den Bologneser Streit. Aus dem ersten Theil erfahren wir, dass Karl zur Beilegung des Streites sich erboten und dass darauf Bernabò zustimmend mit einem Vorschlage geantwortet, welchen Karl lebhaft billigte. Im zweiten Theil spricht der Kaiser seine hohe Zufriedenheit aus über Bernabòs gewohnte standhafte Treue und über die verständige Antwort, die er dem Könige von Ungarn und dem Herzog von Oesterreich gegeben habe. Er werde temporibus opportunis solcher lauteren Gesinnung und Treue eingedenk sein.

Knoll (Beiträge 10 ff.) hat dies Schreiben in den Anfang des Jahres 1360 gesetzt; weiter folgert er, dass Karl in Verbindung mit Ungarn aufgetreten. Wie er endlich dazu kommt, den Inhalt des Briefes durch Karls Gesandtschaft vom September 1360 nach Avignon melden zu lassen, verstehe ich nicht.

Umgekehrt möchte ich gerade aus der Art und Weise, wie Ungarn und Oesterreich erwähnt werden, aus der Wärme des Dankes, mit dem Karl den Bernabò wegen der diesen Mächten ertheilten Antwort lobt, schliessen, dass Ungarn, und mit ihm im Bunde Oesterreich, eine feindselige Haltung gegen Karl eingenommen hatten; dass sie im Gegensatz zu Karl an Bernabò Anträge gemacht, die dieser mit Berufung auf das Reich zurückwies. Nur so kann ich begreifen, wie Karl Bernabò gegenüber von seiner tam grandis constantia solitae fidei, von einer tam notabilis fidei puritas sprechen kann.

Eine solche enge Vereinigung Ungarns und Oesterreichs im Gegensatz zum Kaiser ist aber blos bis Ende April 1360 oder von Ende 1361 an zu denken. Sonst finden wir Karl und Ludwig von Ungarn in Frieden, ja sogar gemeinsam in Italien vorgehend.

In das Jahr 1362 kann aber das Schriftstück nicht wohl gehören. Die vorhergehenden Jahre hatten Ludwig und Rudolph in thatkräftigster Weise gegen Bernabò Partei ergriffen. Wie sollten sie dann 1362, wo sie mit Karl zerfallen, auf die unglaubliche Naivität kommen, ihrem bisherigen Feinde Anträge gegen Karl zu machen, der ihnen gegenüber doch als Freund Bernabòs sich gezeigt hatte?

Zu 1360 lässt sich jedoch der Vorgang denken. Wir wissen, dass Ludwig sofort nach Uebernahme Bolognas durch die Kirche Gesandte an Bernabò schickte. Sehr wohl könnten sie — Oesterreichs Mitwirkung wird zwar nicht erwähnt, kann aber vortrefflich gedacht werden — Anträge dem Bernabò gemacht haben, die dieser zurückwies. Welcher Art sie waren, wäre müssig zu untersuchen. Es genügt, wenn sie auf ein Anerbieten ihrer Vermittlung und guten Dienste hinausliefen. Wenn dann von einem Rathe Karls zur Beilegung des Streites die Rede ist, so lässt sich auch dieses sehr wohl einpassen. Albornoz benachrichtigte von dem Angriffe Bernabòs sofort auch den Kaiser. Für Karl musste unter allen Umständen der Streit unangenehm sein, Ungarns, Oesterreichs, seiner eigenen neutralen Stellung wegen, die aufzugeben er nur zu leicht sich gezwungen sehen konnte — wie es später ja auch wirklich geschah. Es kann also Karl dem Mailänder seine guten Dienste angeboten haben. Die Antwort, dass Bernabò darauf einzugehen bereit sei, erfuhr er zu gleicher Zeit mit den Intriguen Ludwigs und Rudolphs bei Bernabò — und so schrieb er besagten Brief. Die Schlussbemerkung, er werde ihn für seine Treue belohnen, hätte er dann am 20. Juni 1360 zur Wahrheit gemacht. Der Ausdruck fidei tuae constantia findet sich auch in der Vicariatsurkunde.

Excurs III.
Die diplomatischen Verhandlungen zwischen Karl und Innocenz vom September 1360 bis März 1361.

Heinrich von Diessenhoven erzählt S. 119, der Kaiser habe als Gesandte an den Papst, Ende September, Ernst von Prag und Johann von Strassburg geschickt. Am 11. Februar 1361 spricht Innocenz aber von der durch Ernst von Prag, Johann von Strassburg und Wilhelm von Wissegrad vorgetragenen Bitte. Daraus folgt, dass bis zum 11. Februar auch Wilhelm in Avignon gewesen sein muss.

Huber (Reg. Einleitung LII) nahm deshalb an, Wilhelm sei gleich im September mit Ernst und Johann von Karl IV. abgesandt worden. Am 23. Januar 1361 schreibt Innocenz wegen einer Soldbande an Johann von Strassburg und Wilhelm von Wissegrad. Da letzterer den Titel nuntius sedis apostolicae führt, folgt, dass er vor dem 23. Januar in Avignon schon gewesen sein muss. Ist er aber bereits im September mit abgereist?

Nicht lange nachdem Diessenhoven von der Gesandtschaft Ernsts und Johanns gesprochen, erzählt er S. 120 von der Legation des Aegidius, dass Ungarn und Oesterreich dem Papste Hilfe gesandt. Imperator vero, fährt er fort, suos legatos misit ad Innocentium repetens regnum Arelat. etc. Meint Diessenhoven in der That mit diesen legati wieder Ernst und Johann? Dann verstehe ich aber nicht, warum er nochmals so ausführlich von ihren Aufträgen spricht, die er doch schon früher erwähnt hatte. Auch das will mir nicht einleuchten, dass Karls Gesandten, wenn hiermit wirklich Ernst und Johann gemeint wären, so bedeutende Forderungen an den Papst zu stellen hatten. Bei dem grossen und gewiss berechtigten Misstrauen der Curie gegen Karl kam es doch in erster und einziger Linie darauf an, die guten Beziehungen zwischen Kaiser und Papst wieder herzustellen. Wie gross die Schwierigkeiten waren, zeigt doch die Thatsache, dass Innocenz erst am 11. Februar Karls Bitten wegen der Bullen seines Vorgängers entsprach. Weit richtiger und natürlicher war es gewiss, wenn Karl zunächst darauf ausging, die Curie zu beruhigen und von seinen guten Absichten zu überzeugen. Weil Karl wusste, wie schwer dies zu erreichen sein würde, schickte er seine nächststehenden und besten Diplomaten. Und trotzdem kamen die Verhandlungen nicht von der Stelle. Dass Johann früher abreiste als Ernst, etwa Anfang Januar 1361, hängt gewiss damit zusammen.

Da Wilhelm von Wissegrad bei der Gesandtschaft vom September nicht mit genannt wird, aber bis zum Januar 1361 in Avignon gewesen sein muss; da unter den legati (Diessenh. 120) nicht Ernst und Johann, sondern neue Boten zu verstehen sind, die später, etwa Anfang November (nach der ganzen Erzählung Diessenhovens) ihre Reise antraten, so möchte ich unter den legati (120) Wilhelm von Wissegrad suchen. Bestätigt wird diese Annahme dadurch, dass Anfang Januar 1361 Wilhelm als apostolicae sedis nuntius nach Deutschland zurückgeschickt wird. Innocenz richtet seinen Brief an ihn und Johann von Strassburg zusammen, sie werden daher wohl auch zusammen Avignon verlassen haben. Wenn dann Wilhelm, und nicht Johann, apostol. sedis nuntius ist, so wird das den Grund haben, dass Wilhelm später nach Avignon und mit neueren Aufträgen Karls kam, und der Papst natürlich durch dieselbe Person seine Antwort übermittelte.

Mit ziemlicher Sicherheit kann man wohl annehmen, dass Karl, nach Niederwerfung Württembergs und Rudolphs, wo er einer Intervention zwischen der Curie und Bernabò nahe treten konnte, auch an Bernabò seinen Boten sandte, um dessen Einverständniss zu erlangen. Im April 1361, als es auf grösste Eile ankam, und man jedenfalls die Persönlichkeit wählte, die mit den Verhältnissen bekannt war, wurde Rudolph von Wetzlar an Bernabò gesandt. Vielleicht, dass dieser im September nach Mailand geschickt worden war. Am 2. November (Huber reg.

3393) sagt Karl, dass er nuper in heimlichem Dienste für ihn geritten sei.

Die Antwort Bernabòs muss günstig ausgefallen sein. So konnte Karl jetzt daran denken, den Vermittler zu spielen; allein dazu war die Zustimmung des Papstes unerlässlich. Daher lässt Karl fordern auxilium, ut posset domare Longobardos. Feindlich ist dies natürlich nicht zu verstehen. Da also Karl fest auf eine friedliche Lösung des Streites in Italien baute, konnte er auch regnum Aralatense, zu dessen Wiedergewinnung Bernabò in hervorragender Weise sich verpflichtet, fordern, d. h. die päpstliche Zustimmung und Förderung dieses Planes, was von grösstem Nutzen sein musste.

Auch schon deshalb, dass die Verhandlungen in Avignon nicht recht von der Stelle kamen, war eine neue Gesandtschaft angezeigt. Ihr Führer war eben Wilhelm von Wissegrad. Anfang Januar reiste er mit der päpstlichen Antwort zu Karl als sedis apostol. nuntius zurück.

Am 13. März 1361 (Martène 899) spricht Innocenz von den Anerbietungen, die Ernst von Prag und Wilhelm von Wissegrad im Namen des Kaisers ihm saepius retulerunt. Es geht aus diesem Briefe klar hervor, dass Ernst von Prag und Wilhelm von Wissegrad zusammen von Avignon zu Kaiser Karl IV. reisten; es muss daher Wilhelm von Karl mit Vorschlägen zur Unterstützung der Kirche in Italien wieder vorher von Nürnberg nach Avignon gesandt worden sein. Anfang März ca. reiste er — jetzt verliess auch Ernst von Prag Avignon (am 7. April in Nürnberg) — zum Kaiser zurück, um namentlich über Bologna Vorstellungen zu machen. Daher er auch jetzt wieder sedis apostolicae nuntius ist. So nennt ihn Innocenz Ende Mai 1361. (Vergl. Martène 986.)

Excurs IV.

In Martènes[1]) Edition liegen uns eine Reihe von Urkunden vor, von Seite 970—989[2]). Auffallender Weise tragen nun die Briefe 142 bis incl. 154 das Datum VI Calend. Junii. Ist dies denkbar? Man wird geneigt sein, einen Theil davon für Entwürfe, den andern für wirklich abgegangene Briefe zu halten. Allein damit kommt man nicht durch. Bei eingehender Prüfung zeigt sich, dass sie verschiedenen Inhalts, in einer Weise verschiedenen Inhalts sind, die diese Annahme hinfällig macht. Von

---

1) Martène et Durand Thesaurus II.
2) No. 142—158.

demselben Tag können sie aber unter allen Umständen nicht sein. Schon der Herausgeber hat gemerkt, dass hier eine Confusion eingetreten sein muss, wenn er mehrere Briefe[1]), die IX. Calend. Junii datirt sind, später setzt als Briefe, die das Datum VI Calend. Junii tragen. Weiter ist er freilich nicht gekommen. Versuchen wir einmal Ordnung zu schaffen. Da, wie ich im Vorhergehenden gezeigt, jedenfalls Unrichtigkeiten vorgekommen sein müssen; da wir ferner bestimmt, nach Ausweis des Originals, wissen, dass der Brief No. 154[2]) nicht VI. Calend. Junii, sondern II. Calend. Junii geschrieben ist, so sind wir so misstrauisch gegen jede Datirung geworden, dass wir uns überhaupt zunächst gar nicht darum kümmern wollen. Ausgangspunkt kann allein jener Brief vom 31. Mai an den Herzog von Oesterreich sein[3]); die übrigen wollen wir nach inhaltlicher oder textlicher Uebereinstimmung und Abweichung prüfen und ihren Platz zu bestimmen suchen.

Sämmtliche Briefe, die hier in Frage kommen, beschäftigen sich mit der Bologneser Frage oder mit dem ausgebrochenen Zwist zwischen Karl IV. und Rudolph von Oesterreich. Diese letztere Frage können wir zunächst für unsere Untersuchung ganz ausser Acht lassen. Betrachten wir also jene Urkunden, die sich auf den Streit um Bologna beziehen. Am deutlichsten wird sich da jedenfalls ein Unterschied oder auch eine Uebereinstimmung erkennen lassen, wenn wir Briefe vergleichen, die alle an ein und dieselbe Persönlichkeit gerichtet sind. Nehmen wir z. B. die Briefe an Kaiser Karl IV. Es sind deren drei, No. 146, No. 153 und No. 156[4]).

Der erste[5]) erzählt, dass Karls Gesandten neulich angekommen und berichtet hätten, Bernabò wolle wegen Bologna sich dem Schiedsspruch des Kaisers und Ludwigs von Ungarn unterwerfen; dass Karl den Landgrafen Johann von Leuchtenberg an Bernabò und an Albornoz abgeschickt, um bis zu nächstem Martinstag zwischen ihnen einen Waffenstillstand abzuschliessen, damit Karl und Ludwig inzwischen Sorge für den Frieden treffen könnten; endlich, dass Karl täglich die Briefe Bernabòs erwarte, in denen er ihnen Vollmacht ertheile. In Ansehung etc. habe der Papst beschlossen, seinen Legaten Aegidius von Vicenza mit Vollmacht, auf Karl und König Ludwig zu compromittiren, abzusenden etc.

---

1) S. 986 No. 155 und 156.
2) Vergl. Huber Reg. 512 P. 80.
3) Martène No. 154.
4) Martène 975. 983. 986.
5) Martène No. 146.

Gehen wir zu dem zweiten Briefe[1]) über, so fällt sofort der ganz andere, geradezu pathetische Ton dieses Briefes auf. »Mit welch väterlichen und liebevollen Empfindungen« etc. »Arm der Vertheidigung und einzige Zuflucht«, in dieser Art ist der Charakter des ganzen Schreibens. Und der Inhalt? Innocenz lobt den Kaiser für seine Nachrichten; aus ihnen ersehe er, dass Bernabò unter dem Vorwande, auf ihn zu compromittiren, von der Bekämpfung der Kirche nicht abgelassen, dass er ihn beleidigt und deshalb der Kaiser gegen ihn und seine Helfershelfer mit Strafen vorgehen werde, wenn er nicht binnen zwanzig Tagen seinen Befehlen nachkomme. Uebrigens sende er, der Papst, Aegidius von Vicenza an ihn. Das Uebrige des Briefes ist für den vorliegenden Fall überflüssig.

Dass in diesem zweiten Schreiben etwas vom Inhalt des ersten total Verschiedenes berichtet wird, ist einleuchtend. Im ersten weiss der Papst nur, dass Bernabò auf den Kaiser compromittiren will, und dass dieser den Landgrafen Johann von Leuchtenberg wegen eines Waffenstillstandes bis Martini nach Italien gesandt. Im zweiten spricht der Papst davon, dass es Bernabò mit seinem Versprechen nicht Ernst gewesen, dass der Kaiser ihm deshalb einen Termin von 20 Tagen angesagt habe, bis zu welchem er seinen Befehlen nachgekommen sein müsse, wenn er nicht abgesetzt sein wolle.

Im dritten Briefe[2]) endlich erzählt Innocenz am Anfang wieder, dass Bernabò auf Karl compromittiren wollen und dieser eines Waffenstillstandes wegen den Leuchtenberg nach Italien geschickt habe. Daraufhin sei beschlossen worden, den Bischof Raymundus mit Vollmacht auf Karl und Ludwig von Ungarn zu compromittiren, abzusenden. Da aber sei an den päpstlichen Hof die sichere Kunde aus Italien gekommen, dass Bernabò mit seinem Versprechen sie hinters Licht geführt habe, dass er die Kirche nach wie vor bekämpfe etc. Deshalb habe es dem Papst geschienen, es sei weder zweckdienlich noch bringe es Ehren ein, wenn er jetzt noch, Karls Bitten entsprechend, Raymundus mit Vollmacht an ihn absende, auf dass nicht abermals Bernabò sein Spiel treibe.

Wiederum zeigt dieser Brief eine durchaus veränderte Sachlage. Von Karls Schritten bei Bernabò weiss Innocenz, dass Bernabò versprochen sich zu fügen und deshalb Johann von Leuchtenberg wegen des Waffenstillstandes abgeschickt worden ist. Karl hatte vom Papst Vollmacht erbeten; Raymundus soll sie überbringen.

---

1) 983 No. 153.
2) No. 156.

Da erfährt Innocenz aus Italien, Bernabò wolle gar nicht ernstlich den Frieden; es habe deshalb keinen Sinn mehr Vollmacht zu senden. Von Karls weiteren Massnahmen, dass er dem Bernabò, als dieser wortbrüchig geworden, den Termin von zwanzig Tagen angesagt hat, weiss der Papst noch nichts.

Das Resultat unserer Untersuchung ist also, dass der Brief No. 146 zuerst geschrieben ist; es folgt No. 156; dann kommt No. 153. Damit ist denn auch die Reihenfolge der übrigen Briefe bestimmt. No. 155 gehört zu 156; No. 152 zu No. 153. Wegen Uebereinstimmung bis auf den Wortlaut möchte ich dann No. 147 und 154 (beide also vom 31. Mai) in Zusammenhang bringen. Aus demselben Grunde gehören No. 146 und 148 zusammen. Von den Briefen, die an Aegidius gerichtet sind, gehört No. 143 zu No. 147 und 154. Brief No. 142 correspondirt mit No. 146.

Damit habe ich auch bereits meine frühere Erzählung über den Verlauf der Verhandlungen zwischen Karl IV. und Bernabò gestützt und bewiesen. Jedoch wird es nothwendig sein, noch einige Bemerkungen hinzuzufügen.

Wenn wir nämlich nichts hätten, als das Bannungsdecret, wie es bei Mohr steht, so würden wir folgendermassen auf die vorhergegangenen Ereignisse schliessen. Karl hat in Verbindung mit Ludwig von Ungarn bei Bernabò erreicht, dass dieser sich ihrem Schiedsspruch fügen will. Sagremors sollte mit absoluter Vollmacht, auf Karl und Ludwig zu compromittiren, beim Kaiser eintreffen. Er kam auch, brachte aber die versprochene Vollmacht nicht mit. Darauf schickte Karl den Landgrafen Johann von Leuchtenberg nach Italien, um Bernabò nochmals ernstlich aufzufordern, sein Versprechen zu erfüllen; ferner um jenen Waffenstillstand anzusagen. Aus den päpstlichen Schreiben aber ersehen wir, dass Johann von Leuchtenberg vor der Ankunft Sagremors abreiste.

Nach dem Briefe Karls an Franz von Carrara dagegen stellt sich die Sache so dar, als habe erst Rudolph von Wetzlar den kaiserlichen Befehl an Bernabò überbracht, bis Martini einen Waffenstillstand abzuschliessen. Aber nach den päpstlichen Briefen ist klar ersichtlich, dass diesen Auftrag bereits Johann von Leuchtenberg erhalten hat.

Wer aber sollte der päpstliche Gesandte sein?

Nach No. 146 war es Aegidius von Vicenza, dessen Beglaubigungsschreiben in No. 142 vorliegt. No. 156 und 158 spricht aber von Raymundus als päpstlichem Boten. Den Grund dieses Wechsels möchte ich, wie ich schon im Text aussprach, darin suchen, dass Innocenz den Erfolg der Bemühungen Karls für so gesichert ansah, dass wohl auch eine weniger hervorragende Persönlichkeit die erbetene Vollmacht zu überbringen geeignet schien. Als jedoch Innocenz durch Berichte aus Italien erfuhr, dass Bernabò sich dem Schiedsspruche Karls nur zum Schein unterworfen habe, beschloss man, Raymundus nicht abgehen zu lassen. Da kam aber neue Botschaft[1]) von Karl, aus welcher der Papst ersehen konnte, dass der Kaiser nicht auf halbem Wege stehen blieb. Der Kaiser musste dafür belobt werden. Deshalb sollte jetzt doch ein Legat nach Deutschland gehen, und zwar Aegidius von Vicenza. Ganz naturgemäss fiel die Wahl auf ihn, weil es auch noch darauf ankam, den Conflict zwischen Karl und Rudolph von Oesterreich auszugleichen. Wie bedenklich gerade in diesem Augenblick eine Feindschaft zwischen dem Kaiser und dem Herzog von Oesterreich sein musste, liegt auf der Hand. Nun war im vorhergehenden Jahre Aegidius schon in Deutschland gewesen, er also musste ganz besonders geeignet erscheinen, den Vermittler zu spielen. Das ihm schon früher ausgestellte Schreiben[2]), in dem Innocenz ihm auf Karl und Ludwig von Ungarn zu compromittiren Vollmacht gibt, hatte keinen rechten Sinn mehr. Mit Gewalt schien Bernabò zur Vernunft gebracht werden zu müssen. Dazu ermahnt Innocenz den Kaiser denn auch in einem schwungvollen Briefe, wie er in No. 153 vorliegt. Ausserdem werden dem Aegidius natürlich seine Beglaubigungsschreiben, zwischen Karl und Herzog Rudolph zu vermitteln, ausgefertigt.

Wenn nun Innocenz in No. 158 sagt, er habe auf Karls Briefe Raymundus abschicken wollen, dann ihn aber nicht abgehen lassen und erst auf neuerliche Bitten des Kaisers habe er den Aegidius beauftragt, so hat dies wenig zu sagen. In dieser Kürze war der wahre Hergang nicht ganz richtig, aber auch nicht falsch dargestellt; dass vorher schon einmal Aegidius in Aussicht genommen, konnte füglich unerwähnt bleiben.

Wenn ich schliesslich über die Datirung noch meine Bemerkungen machen soll, so wären es folgende. Sicher ist No. 154 am 31. Mai geschrieben. Darnach sind die übrigen zu gruppiren. Hierher gehört No. 147. Ob No. 143 an diese Stelle oder, wie ich es oben that, an eine frühere zu setzen ist, darauf lege ich kein Gewicht. Die Aehnlichkeit mit No. 147 und 154 lässt sich schliesslich auch so erklären, dass No. 143, wenn es früher geschrieben, den beiden andern vom 31. Mai zum Muster gedient hat. Um dieselbe Zeit ist auch No. 153 abgefasst, wie damit No. 149, 150, 152. Bei No. 155 und No. 156 möchte ich das angegebene Datum als

---

1) Martène No. 158.
2) No. 142.

das richtige annehmen, IX. Calen. Junii = 24. Mai. Es bliebe noch No. 146. Woraus könnte eine VI. entstanden sein? Sehr leicht aus einer XI., wenn die untere Hälfte der X. verkürzt wird. Dann wäre dieser am 22. Mai geschrieben. Wir hätten also den Zeitraum vom 22. bis 31. Mai.

In Deutschland reiste Rudolph von Wetzlar am 26. April ab, 14 Tage ca. früher Johann von Leuchtenberg. Deshalb braucht aber die gleiche Frist in diesen fraglichen Briefen nicht wiederzufinden sein. Ganz abgesehen davon, dass die Reisen der betreffenden Boten nicht genau die gleiche Zeit werden in Anspruch genommen haben, hat nach der ersten Botschaft Karls die päpstliche Kanzlei ohne Zweifel sich nicht gesputet; nach der letzten, die von Rudolphs von Wetzlar Auftrag berichtete, sich jedenfalls geeilt: es können daher die vierzehn Tage von dort sehr leicht in 10 Tage hier zusammen gezogen sein.

Excurs V.
Das Verhältniss der Friedensurkunden vom März 1364.

Der langjährige erbitterte Kampf zwischen der Kirche und Bernabò fand endlich Anfang 1364 seinen Abschluss. Nach wiederholten, oft abgebrochenen und immer wieder aufgenommenen Verhandlungen kam am 3. März der Friede zu Stande. Ueber ihn liegen uns drei Fassungen vor, bei Raynald a. 1364 III ff., bei Verci Marca Trivig. XIV, Docum. 15 ff. und bei Theiner II 411 ff. Vergleicht man sie, so ergeben sie bei aller Uebereinstimmung doch wieder eine Reihe von Abweichungen der bedeutsamsten Art. Genau genommen bringt Raynald zwei verschiedene Friedensinstrumente, das erste vom 3. März, das zweite ohne Datum. Bei Verci ist ebenfalls der 3. März angegeben, bei Theiner der 13. März.

Die Verträge bei Raynald sind beide Male nur im Auszug mitgetheilt, aber sie lassen sich mit Hilfe der andern Urkunden ziemlich wörtlich reconstruiren. Und zwar ist der Text Vercis in dem zweiten Vertrag Raynalds, der erste Raynalds in dem Theiners wiederzuerkennen. Für das erste Friedensinstrument bei Raynald will ich der Kürze halber Raynald I., für das zweite Raynald II. setzen.

Bei Raynald I. fehlt der Eingang. Zweifellos ist er genau derselbe gewesen, wie ihn Raynald II. und Verci (allerdings nur im Auszug) zeigen. Nachdem hier mehrere Bedingungen aufgezählt worden, sagt Raynald weiter, «zur Befestigung und Sicherung dieser Bestimmungen seien noch weitere Verabredungen getroffen worden«. Theiner theilt sie uns mit. Sollte die Curie die Zahlungen nicht einhalten, so müsse Bernabò alle Forts wieder zurückerhalten, nur solle ein Monat Waffenstillstand sein; weiter folgen Bestimmungen über castra Lugi.

Dies waren die Friedensbestimmungen, die man bereits in Avignon, wie Theiner zeigt, beschwor. Damals waren in den provisorischen Vertrag noch weitere Punkte aufgenommen worden, so die Stellung der Este, das Schicksal der politisch Verfolgten etc.: Fragen, über die erst in Italien Androinus sich mit den Parteien vereinbaren sollte. Jetzt, am 3. März, wo die Verhandlungen zum Frieden geführt, fielen natürlich diese Bestimmungen als überholt weg. Dass sie wirklich überholt waren, bestätigt uns die Urkunde von Verci, nach der die Markgrafen von Este dem Frieden beigetreten und über das Schicksal der wegen politischer Verbrechen Verfolgten Festsetzungen getroffen worden sind.

Auf die Verhandlungen in Avignon, die zum provisorischen Vertrag, wie ihn Theiner bis S. 414 oben enthält, geführt, waren die eingehendsten Besprechungen (vergl. Theiner) in Italien selbst gefolgt. Am 3. März konnte der Friede unterzeichnet werden. Bei einem Friedensschluss mit Bernabò wurden dann naturgemäss die Hauptpunkte des zwischen ihm und der Curie bereits in Avignon stipulirten Vertrags in die Urkunde aufgenommen. Daher die Uebereinstimmung des Friedensinstrumentes bei Raynald I. mit Theiner.

Die Urkunde bei Verci ist der Friedensvertrag zwischen Bernabò und der italienischen Liga. Sie ist das Resultat der bei Theiner 413 in Avignon in Aussicht genommenen Unterhandlungen. Wie in diesem Instrument dann die Bedingungen jenes von Raynald I. fehlen mussten, liegt auf der Hand. Die Bestimmungen des Friedens zwischen der Curie und Bernabò mussten der italienischen Liga gleichgiltig sein, wie natürlich umgekehrt der Friedensvertrag zwischen Bernabò und der Liga in der Urkunde von Raynald I. keinen Platz finden konnte.

Laut den Friedensbestimmungen hatte Bernabò erst alle von ihm besetzten Forts herausgeben müssen, ehe die Abzahlung von Seiten der Curie begann. Seine Lage war gewiss recht schlecht. Wenn die Curie nach Besitznahme der Forts ihren Verpflichtungen nicht nachkam? Er hatte kein Pfand in der Hand, sie dazu zu zwingen Es ist daher sehr natürlich, dass Bernabò sich so viel als irgend thunlich zu sichern suchte. Im Augenblick war dies nur möglich durch eine nochmalige feierliche Bestätigung seiner Rechte auf die stipulirten 500,000 fl. Auf Bitten seiner Gesandten gab sie Androinus, Theiner II 414. Hier konnten sehr gut die früheren Bestimmungen des Vertrags aus Avignon aufgenommen werden, weil ja das Verhältniss zwischen Bernabò und der Curie kein abgeschlossenes war, weil noch volle acht Jahre lang ihre Beziehungen von der Erfüllung gewisser Bedingungen abhingen. Diese Bedingungen waren des Ausführlichen in Avignon besprochen und festgesetzt worden; sie wurden jetzt wieder der neuen Urkunde inserirt und bestätigt. Da die Verhandlungen weiterhin zu einem Verzicht Bernabòs auf Bologna geführt hattten, werden die diesbezüglichen Bestimmungen aufgenommen.

Raynald II. enthält Mehreres, das auch die übrigen Urkunden enthalten, Vieles finden wir darin zum ersten Male. Nach dem mit den andern Urkunden übereinstimmenden Eingang erfahren wir, dass über Mantua und Reggio zwischen Bernabò, den Scaligeri und den Gonzaga heftige Auseinandersetzungen stattgefunden haben; der Fall sei schliesslich geschlichtet worden. Die folgenden Bestimmungen wegen der politischen Verbrechen kennen wir. Neu ist nur der Termin, bis zu welchem die Amnestie auszudehnen sei. Auch von Herausgabe gewisser Eroberungen durch die Scaligeri hörten wir früher nichts. Ferner bemerken wir die Bestimmungen eines Schiedsgerichts zum ersten Male. Endlich überraschen uns die beiden Schlusspunkte wegen des Clerus in Mailand und die Restitution in die Rechte des Vicariats, wovon wir früher nichts vernommen.

Schon hieraus geht deutlich hervor, dass die Urkunde später anzusetzen ist als die übrigen, auch später als die vom 13. März (Theiner). Die politischen Verbrecher sollten wieder in die Heimath zurückkehren dürfen, war am 3. März festgesetzt worden. Bei der Ausführung dieser Bestimmung ergaben sich Schwierigkeiten, bis zu welchem Zeitpunkt die Amnestie zu rechnen war. Daher jetzt der Sept. 1359 festgesetzt wurde. Auch die Bestimmung über ein Schiedsgericht ist nur so zu erklären, dass bei der Erfüllung der beschworenen Bedingungen Conflicte entstanden waren. Endlich weist die Thatsache, dass Bernabò feierlich verspricht, von allen Bedrückungen des Clerus abstehen zu wollen, auf einen ziemlich späten Zeitpunkt der Verhandlungen hin. Wir sahen, wie schwer gerade hierzu Bernabò stets zu bringen war. Das Opfer war nur dann einigermassen vergütet, wenn die Curie ernstlich der Wiedereinsetzung Bernabòs in das Vicariat beim Kaiser das Wort redete.

Leider hat Raynald kein Datum, auch keine Zeugen angegeben. Sicher fällt dieser Vertrag nach dem 13. März; vielleicht entspricht er jenem Friedensinstrument, das Androinus (Theiner 414) am 13. März ankündigt. Jedenfalls ist besagtes Friedensinstrument das allumfassendste. Die sonstigen Urkunden sind eigentlich nur Separatverträge. Ich habe trotzdem als Tag des Friedensschlusses den 3. März angesetzt, einmal weil wir die Datirung von Raynald II. nicht sicher wissen; dann aber auch deshalb, weil am 3. März durch die beiden Verträge und Friedensschlüsse zwischen Bernabò und der Curie (Raynald I.) und Bernabò und der Liga (Verci) im Wesentlichen der Frieden hergestellt war. So wichtig die weiteren Bestimmungen sind, sie sind doch nur Consequenzen der am 3. März beschworenen Verträge.

Ich möchte annehmen, dass die Urkunde Raynald II. noch in Bologna ausgestellt ist, jedenfalls früher als der Legat nach Mailand reiste und Bernabò vom Bann befreite. Denn Bernabò wird hier noch magnificus vir genannt. Nachdem er in den Schooss der Kirche zurückgekehrt, heisst er dilectus filius. So nennt ihn Urban am 4. Juni, 18. November.

Beilage.

Schreiben Karls IV. vom 12. August 1361 an Strassburg.
Nach dem Original auf dem Stadtarchiv zu Strassburg.
A. A. 78.

Karolus quartus divina favente clemencia Romanorum imperator semper augustus et Boemie rex magistro consulum, consulibus et universitati civium civitatis Argentinensis, suis et imperii sacri dilectis fidelibus, gratiam suam et omne bonum. Carissimi fideles! Quia pridem exigente reatu et culpa notabili Bernabonis de Vicecomitibus Mediolani, nostri et imperii sacri rebellis, et propter enormes excessus ipsius, quibus invadendo terras ecclesiae, Bononiam videlicet et alias, contra inhibitionem nostram factam sibi notoriam multiplicibus incommodis dominum nostrum summum pontificem et eandem sanctam Romanam ecclesiam ausu nephario perturbavit, animo deliberato, non per errorem aut improvide, sed sano principum, baronum et procerum sacri imperii accedente consilio, adversus eundem Bernabonem, qui mandata nostra evidenti rebellione contempsit, iusticia suadente processimus, sicut de ipsius contumacia et inobedientia, quas adversus nos et sacrum imperium velud nostre maiestatis vana meditatione contemptor excercere presumpsit, fidelitatem vestram processuum ipsorum continencia, quos vobis subpendenti imperialis maiestatis sigillo transmittimus, plenius edocebit. Quapropter tanta et tam gravia sanctae matris ecclesie pericula, que in communem vergunt perniciem tocius populi christiani, ammodo sub dissimulatione transire nolentes, sed ut pro communi salute christianae plebis dictis valeat oneribus oportunis remediis obviari, fidelitati vestre mandamus et iniungimus presentibus seriose vosque sub ea fide iuramenti et obediencie debita, quibus nos et imperium Romanum prospicitis, attente diligentie cura requirimus et monemus, quatenus consideratis multiplicibus periculis, que ex offensa matris ecclesie oriri possent fideli populo christiano, advertendo etiam honorem debitum, ad quem redemptori nostro domino Jesu Christo communiter obligamur, ne sponsa sua, sancta mater ecclesia, in cuius gremio nos omnes salvari speramus et credimus, tantis opprimatur insultibus; antedictos processus, quorum copia sub nostre maiestatis sigillo ad vos perveniet, ut premittitur, assumptis senioribus vestris coram vobis legi, lectos de littera legibili copiari et copiatos valvis seu postibus pretorii vestri communis affigi publice faciatis, ne prefatus Bernabos aut alii dicte sancte matris ecclesie aut nostri inimici vel rebelles de iniuriis factis eidem ecclesiae seu faciendis in posterum, quas proprias reputamus, quavis ignorancia valeant quomodolibet excusari; et quod non permittatis aliquam gentem armigeram, cuius etiam nacionis existat, passus aut loca vestra transire versus partes Ytalie, nisi receptis ab eis iuramentis corporalibus, quod dampnum, gravamen, seu preiudicium sancte matris ecclesie attemptare non velint nec debeant verbo, consilio, coniventia aut facto, publice vel occulte; et si quos adversus nostre imperialis maiestatis edictum ad eiusdem Bernabonis servicia progredi aut in eis ausu temerario morari contingerit, qui fortasse de vestra civitate aut iurisdictione consisterent, cuiuscunque etiam status gradus seu condicionis extiterint, statim ipso facto iuxta eorundem processuum nostrorum continenciam vos de bonis ipsorum omnibus, mobilibus et immobilibus, feudalibus sive propriis et cuius etiam alterius tytuli fuerint auctoritate nostra cesarea intromittere debeatis, hoc idem facientes de illis omnibus, qui iam in actuali servicio dicti Bernabonis existant, si infra duos menses a publicacione nostrorum processuum per vos facienda ut premittitur continue computandos ab eiusdem Bernabonis obsequiis se iuxta mandatum predictorum processuum absentare contempserint et a persecucione sancte matris ecclesie non cessaverint ut tenentur, nullam in hoc, sicut de vestre fidei et honoris integritate confidimus, neglegentiam committentes. Datum Prage 12 die mensis augusti regnorum nostrorum anno Romanorum 16 Boemie 15 imperii vero 7.

Per dominum cancellarium.

Vorliegende Arbeit entstand auf Anregung des Herrn Professor Scheffer-Boichorst in Strassburg. Für die fördernde Theilnahme, die er meinen Studien zu Theil werden liess, drängt es mich auch hier meinen wärmsten Dank auszusprechen.